Fourteen
Letters to Aku

创意写作书系
（青少版）

给阿库的十四封信

青少年写作实用攻略

李 韧◎著

中国人民大学出版社
·北京·

感谢以下学生为这本书提供案例：

董思柳、董瑞祥、杜雨默、甘羽乔、高墨柔、高溪玥、贾衣白、韩若兮、何亦乐、来子恒、李保仪、李淳毅、李思媛、李行远、刘岩、刘一璋、陆广平、孙斯皇、王璇、王紫安、魏然、温博浩、许朵、闫安、杨雨鑫、尹梓涵、张思柔、张瑞涵、张颜开、郑茗元、周怿彤

感谢我所有的学生。
没有你们，就没有这本书。

创意写作课也似一个引擎
——序李韧的《给阿库的十四封信》

谭旭东

之前就知道李韧老师在北大附中开了一门创意写作课，而且还出版了一本《北大附中创意写作课》的书，我读过，也深表敬佩。现在她又要出版《给阿库的十四封信：青少年写作实用攻略》这本书了，可能因为我写过一些中小学创意写作的论文和著作吧，李韧老师本人和中国人民大学出版社的编辑杜老师请我写个序，这对我也是一份鼓励。

创意写作发端于美国，其课程和学科历史已有一百余年，美国高校进行创意写作研究生培养也有九十多年了，而美国中小学创意写作的推行也恰有一百年了。虽然创意写作从美国高校和中小学开始萌芽并实现世界性传播，且引入中国也有十多年了，但对于我国中小学语文教育来说，创意写作还是一片全新的领域。近几年我陆续写了一些论文，呼吁以创意写作推动语文教育尤其是推动中小学作文教学改革，以创意写作优化语文教育教学，尤其是以创意写作提升作文教学质量。但中小学语文教育界，尤其是从事写作教学研究的人回应寥寥，因而真正行动起来的人并不多。不过，值得注意的是，近五六年，每次我所在的上海大学牵头举办全国性的创意写作学术会议，都会有上百位来自语文教育第一线的校长和语文教师参加，他们提交论文，参与讨论，以渴望的眼神关注着高校创意写作，也以期待的目光召唤我们这些从事创意写作教学和研究的学者为中小学语文教学助力。去年，我们成立了中国中小学创意写作联盟，在苏州召开了首次年会，有两百多位语文教师参加，也有不少作文培训机构的老师参加，他们的热情关注和参与，也意味着创意写作如一股春潮，在唤醒蛰伏已久的力量，大家希望教学变革，期待创意写作能激活每个学生的创造力和想象力，并让作文课成为享受文字创造之快乐的平台和机制。

  李韧老师率先在北大附中开设创意写作课，不仅给北大附中的学生提供了写作表达的新空间，也给全国中学语文教育传递了新的信息，带来了新的理念和方法，势必和其他创意写作力量合流，共同促进学校语文教育的整体优化，并实现对学生写作信心和写作能力的培养。从这个角度来看，《北大附中创意写作课》和《给阿库的十四封信》如两朵春蕾，将要在以考试为导向的作文教学园地绽开一片新鲜美好的景色。李韧老师的创意写作课也似一个引擎，它将推动中学写作教学的模板变革，也会启示新的语文教学改革，还将给北大附中的学生带来实实在在的写作的快乐，同时也会启示更多的青少年，让他们理解创意、认识创造，在写作中学会表达、学会审美，并发现自我，找到爱、美和信心、力量等等。

  《给阿库的十四封信》可以说是《北大附中创意写作课》的姊妹篇，也是后者的一个延伸产品。某种程度上看，它是李韧老师开设创意写作课收获的对青少年创造力、创新精神和写作课的新的认识，也是她在实际教学中收获的写作友谊的记录。这本书采用了书信体，收录了作者写给学生的十四封信。在这些信里，作者和"阿库"（青少年朋友）们交流写作的看法，记录沟通的美好，探讨灵感被激活后的愉悦，分享完成初稿后的惊喜；在这些信里，作者和"阿库"们探寻故事的秘密，学会虚构的窍门，领会文字里应有的主题和精神，并学会去坚持、去创造、去用文字刷新自我……这十四封信，有的是写作技巧论，有的是心灵的交谈，有的是思想的包容，有的则是互相的鼓励和鞭策，还有的如举起火把互相照亮的安静行走。如果说《北大附中创意写作课》显示了李韧老师对创意写作的直接理解，甚至试图通过写作与青春生命交流的急切渴望，那么，《给阿库的十四封信》则更多展示了李韧老师在与青少年进行写作沟通和交流后获得的深入思考，她对写作有了更多的理解，也对青少年生命有了更多的认识：写作和生命是一次次的邂逅，也是一次次的撞击，还是一次次的照亮。"写作是农业，不是工业"，这样的话，如果不是获得了对写作的全新认识，怎么会说得如此跳脱而一语中的。

李韧老师曾说："我的创意写作学科训练不来自我的求学经历，而是来自发轫于美国高校的创意写作专业理论和教学法，以及我的教学实践和对生活的领悟。"在《给阿库的十四封信》的前言里，李韧老师说："写作是意义生成的过程。它是种植，让我们思想的种子随着敲打文字和编织叙事而生根发芽、蜕变和成长。"理论上善于学习，实践上敢于探索，这大概就是李韧老师能写出《北大附中创意写作课》和《给阿库的十四封信》的秘密。

最后，还想说的是，《给阿库的十四封信》的副标题为"青少年写作实用攻略"，好像这是一部实用的作文书，其实，这本书里"实用攻略"后面包含了很多爱和理解，包含了很多对写作、对生命、对人的精神世界的思考。文化强国和教育强国理念都强调创造性人才的培养，创造性人才不但要有创造技能，还须有创造精神，而爱和理想是创造精神飞扬的翅膀。在中小学开展创意写作教育教学可谓应运而生，应时而出。相信会有更多人如李韧老师一样执着地加入中小学创意写作教育教学的实践中来！

2025 年龙抬头之日草就

（谭旭东，上海大学文学院教授，创意写作、儿童文学博士生导师）

前言

　　写作作为一项表达沟通的技能、一门古老的手艺，门槛实在不高。可它其实包含了复杂的心智活动。学习写作不仅是在学习如何思考，也是在学习如何理解自我，让自己的精神更加成熟健全。作为写作老师，姑且不论我的写作水平如何，单是把这项复杂的思维训练讲清楚、教明白，就并非易事。2020年，我的第一本书《北大附中创意写作课》问世，作为教材，它包含了写作任务以及写作方法指导。但是，我始终感觉我们课程中最鲜活的部分没有被放进去。课堂上，学习的主体是人。学生在学习写作的过程中遇到了什么困难和挑战、他们如何应对，这些事情总是最触动我的心。由此我逐渐领悟到，成果不是最重要的。写作脱胎于人类渴望传递信息、沟通情感和思想的意愿。它最有人情味。学生学习写作的过程，才最真切地反映了他们如何渴望以写作为工具表达自我和探索世界。也许结课时，有的学生写出了满意的作品、收获满满；另一部分学生则带着遗憾离开。但正是在这个过程中，我们才一起真切地理解了什么是写作思维。对作为教师的我来说，这才是最重要的。

　　由此，我写了这本书。较之具体的技巧和方法，我更在意和青少年一起探讨写作之道。因为在大部分"00后"认可"每个人都值得发出属于自己的声音"的今天,还有太多人以为写作只是少数有特殊才能者的事情。那么多青少年出于种种认识误区,不敢也不知怎么畅快地科学地写作,遑论能写得好。甚至,即使写得颇为不错的孩子,也因为各种原因心怀忐忑,并不十分享受这个过程。而任何人,如果不敢写、不多多地写、不享受写的过程,怎么能在长长的生命历程中持续地写?怎么能从根本上"写得好"?想要提升写作能力,需要从理解写作入手。

那么,写作到底是怎样的一件事?我用了十四封信,写尽一个贯穿始终的理念:写作是意义生成的过程。它是种植,让我们思想的种子随着敲打文字和编织叙事而生根发芽、蜕变和成长。写作能锻炼一个人的思考能力,提升他思考的深度和广度。它也许没法马上改变一个人的命运,让人成为什么"家",但它拓宽了人的内心版图,使之更强大和美好。

这本书采用了书信的形式,把写作的不同阶段、要素拆分进山精给阿库的信。这来源于前几年我线上课的教学灵感。为了与素不相识(也不愿打开摄像头)的青少年建立平等合作、并肩探索的关系,我每次线上课都是以在屏幕这端读一封山精给阿库的短信开启的。山精,是我的笔名。阿库,是我对屏幕那边所有满怀期待的或心不在焉的小面孔的统称。毕竟,就算来上课的每个人都为自己起了笔名,写信时的我也需要在心里"召唤出"一个等待拆信的少年的名字和面孔。那段日子里,不仅山精给阿库写信,课程里的每个人也给自己有话想说的人写信(准备好信封,可以下楼寄出的那种)。同伴之间也曾互为编辑,就彼此的创作正式写信,问询对方的创作意愿、和盘托出自己的阅读感受。也许正因为见不到面，所以我感觉大家会格外用心对待这些信：用词恳切，态度端方。带着这样的记忆，当我揣摩自己想写的是什么时，第一时间想到了写信的形式。我希望你我心灵相隔并不遥远，希望你读信时，在默默和我交谈。

如果说我对"写作思维"能有一点领悟和一点谈论的资本，那么这首先来自我教过的几千名学生。是他们对抽象的理念、对技巧的反应、他们的做法，引导我切实理解写作是什么，以及我到底在做什么。因此，这本书的每封信里我都放了学生的真实案例。我挑选案例的原则不是"优秀"或者"好"，而是这些案例体现了学习者探索写作的过程。也许你的状况和他们不那么相似，不过我还是希望他们的实际经历能唤起你对自己面临的相关问题的思考。当然，我还放入了山精即我本人的一点经历和思考。这完全不是为了证明什么。如果我们明白对一项有魅力的事物的探索可以永无止境，那么我们可以甘愿渺小，同时保持兴致勃勃。

或许我的理解和讲述不够深刻和准确。不过有一个理解，我确信自己不会改变：写作是为活生生的人的意志准备的。如果你认为这件事富有魅力，那是因为我们每个人的生命版图都比我们想象的还要辽阔无边，涌动着生机。

李韧

北大附中创意写作课教师

2024年夏

目录

导　语	…………………………………………	1
第一封信	与写作相伴的日子 …………………	11
第二封信	开凿现实的坚冰，让灵感之泉汩汩而出 ………	19
第三封信	未完成的初稿与涡虫的领悟 ………	35
第四封信	一个说自己不会虚构的人，怎么会有喷涌的故事？ ………	49
第五封信	人物与木偶的区别是，他们此刻就要出发去解决问题 ………	63
第六封信	向未知的黑暗腹地挺进！ …………	77
第七封信	主题是你心中燃起的精神之火 ……	89
第八封信	在重聚路留下生命的印记 …………	99
第九封信	修改与涂抹，是持续的意义追寻 …	113
第十封信	让马跑起来！ ……………………	125
第十一封信	赴一场烤乳猪之旅的技巧 ………	137
第十二封信	只要有人读完你写的每一个字 …	151
第十三封信	读什么都好，只要真的沉浸其中 …	165
第十四封信	写作是农业，不是工业 …………	179

导　语

和写作相伴的日子，不需要任何特定目的。当笔端的沙沙声或者敲击键盘的响动穿透泥土，你我就能听到沉睡板结的地底下，传来流淌的、斧凿的、疑惑地动动停停的声音。这是生命本身发出的声音。

温克甩开两条大长腿跑上二楼，又轻手轻脚走进有三两学弟学妹自习的创意写作工坊时，我都碰巧不在——去食堂午饭，或者和学生约谈。于是，我总是后知后觉地独自掀开教室入口那盆绿植的托盘，或者拨开小书架上斜立着的最后几本书，寻觅横向对折的黄色信纸。

纸头还带着从创意写作教室特有的凯萨 A4 拍纸本撕下时的齿痕，温克的字迹大而匆忙，偶有涂抹。她没写什么特别的。

山精：

中午好！今天心情有些烦闷，故又来拜访，留下信来，见字如面。我比较念旧，故而又找出这支绿色的笔。

早上见到 20 多度的天气，于是套上线衣和小裙子出门。被问很多次"不冷吗？"。哈哈，于我真的不冷——温度与风度可得兼。

刚刚去看球赛，见到了许久未见的 S 大大。听说他……我有意问个真假，于是半开玩笑地开口："听说……"还没说完就被打断："高三了，不要听说，用眼看，好好生活。"那时眼泪忽然涌上来，知道他无意再说，我就闭上嘴，安静地站在他身边。他打趣道："听说你长高了。"我笑了："鞋底厚而已。"他顺着向下，看到了我的裙子和光着的腿，遂皱眉对我朋友说："好好看着点她，别总让她这么……"后面的话不知被什么打断，我猜是要我穿暖些，注意身体。

　　我始终默默站在那里，不知何时丢了他的身影。于是我在满心杂乱中也辞了朋友，独自回来。

　　去看比赛前我还对朋友说，为书院奔走一年，好像依旧没多少感情，毕业后或许也不想回来帮忙。

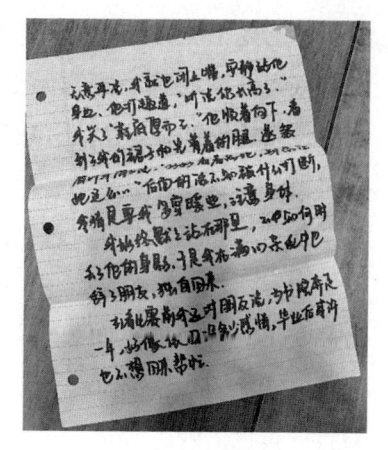

温克的信

　　但今天见他，又好像所有感情倾泻而出。之前做书院工作走得很难很难的时候，总会找他聊聊。他说些似是而非的话，当时恍悟，回去又气愤，气愤好像什么也没得到。现在想，是因为他只轻轻推我一把，最后都交由我自己走。

....

　　Sad 来了我的避风港（我这样想不会有些冒昧吧），写个信感觉平和很多。

　　不愿说再见（山精注：这里是哭泣的颜文字）。

温克

2021 年 9 月 29 日

　　温克于 2021 年春夏学期在我的创意写作工坊上过课。由于是线上课，我和这位高挑个、神情中带着敏感与一丝骄傲的少女没什么机会深入交谈。结课后的那年秋季，我的教室从西楼搬到了南楼那个海底乌托邦一般的庞大空间的 2 层，温克也和她的同学们搬到了南楼预科部，全力备战来年的高考。

我不知道女孩是怎么起念，又怎么提笔写信的。我感觉，与其说女孩是给某一个人写信，不如说她是有很多的困惑、压力和悸动不吐不快。那学年，我们就用这样的方式间或隔空交谈。她不是我的"直系"导生，我也不会刻意去为她解惑。回信中我也会袒露自己那时平凡又沉重、混沌中掺杂着灵光的日子。

远在美国的虹，曾是我带的写作社团——"孤独之星俱乐部"最"老"的成员。她高一时就在我的课上，以宛若中年妇人的沉稳口吻写了一个现实和梦境交织的都市奇谈。高三时她和其他几位意欲出国的同学没地方自习，日日被我的教室收留。她出国后（尤其一开始那几年），也会隔上一两个季节，就写信给我。她的方式温暖、务实又独特：手写，信件标号（"给韧其一""给韧其二"……），扫描原件后用微信发过来。有时我清早来到教室，收到信后马上在手机端放大图片，一边读，一边感受着电子设备带来的分毫毕现的痕迹感。

在 2022 年 9 月 1 日的信中，她写道：

给亲爱的韧：

  原谅这依然不是张信纸。虹开学了。这学期比想象中更忙。虹开始打一些零工，同时报了学校的钢琴课，因此空闲时间更消减了。

  但竟然是在重复性劳动的打工中我再次理解了项飙说的"附近感"和"把自己作为方法"。虹在邮递室工作，是学校收发快递的场所。进入这里工作，意味着我从每天接到邮件来收取信件和快递的局外人，变成了庞大工作链条的目击者和参与者。每个小小邮箱格子背后的锁眼和按照姓氏首字母排列物件的货架——我从中感受到一种杂乱的井然。"我"主动地成为他者，每周工作六小时，扫描快件上的条码，将其分门别类。我是货真价实的一颗螺丝钉。同时，我又和其他同事一起，维护着门后面这片空间。仿佛它如此珍贵而易碎。我们擦拭公用

虹的信

的鼠标和键盘，装饰空荡荡的台面。这个空间成为我（甚至是大学这个孤立偏远的整体）的最直观而广大的"附近"。

我们在这里收到新生成堆的大件包裹——"游戏宅"的超大显示屏，根本派不上用场的冰箱和风扇，风格各异的 Amaton Prime 地毯。也是在这里我们收到乡愁：国际生父母寄来的包装仔细的特产，谁的奶奶送来的即将枯萎的鲜花，亚洲学生在亚洲食品网站上订购的巨大速食包裹，被标记为 perishable（易腐烂的）。在机械性的劳动中，我成为锁孔后最得天独厚的窥视者。

金爱烂曾写过一篇《我去便利店》，写都市生活中丧失的主体性。"我"恐慌着自己每天光顾的便利店的店员会从自己的购物清单中窥探出自己的隐私和生活，可最终却发现自己早被同质化的首尔生活淹没，泯然于众人。"我"绝望万分。虹之前去洗衣房时，曾想写"我去洗衣房"，基本是类似的主题。而如今，我却思考，在同质化当中，人是否真

的被消费行为定义着，又或者在何种程度上，我们与我们的剩余物、身外物（消费、行为结果）相互塑造着？

我想，这或许是项飙和其他人类学家会感兴趣的事吧。《把自己作为方法》一书，虹有时间一定要读读看。

……………

虹在继续学拉丁语，愈学愈进入一个更"白"的世界。有时我感到，我要把一半的自己割裂；也有时我感到，我的母语之源在反哺着这个被新语言悬置的自己。

……………

爱你的
希望能尽快回国见面的
虹
2022年9月1日

虹在美国一间远离尘嚣的小型文理学院读人文专业。言谈中我能感到，只身去国和高强度、地道的学术训练，让这位原本就睿智安静的女孩一边"第一手"体会着自己，一边跳出来凝视着自己和身边的世界。我们的对话常由彼此最近的健康情况和情绪出发，然后凭借女性的直觉和洞察力，尝试把小小的自我投射到错综多变的社会现实中去。和虹交流，让我有机会停下来直面自己下意识中细微、真实的部分——痛、怜惜、不耐烦、犹豫……更冷静地确认自己的意图和立场，确认我要往哪里去。

除了书信，我家里的书柜角落、电脑里，收藏着各式各样的纸条。

比如，我负责的导师组的孩子们都知道，导师课的活动时常以写的方式展开。还不太熟悉时，我们写匿名小纸条，描摹自己心目中彼此灵魂的样子。

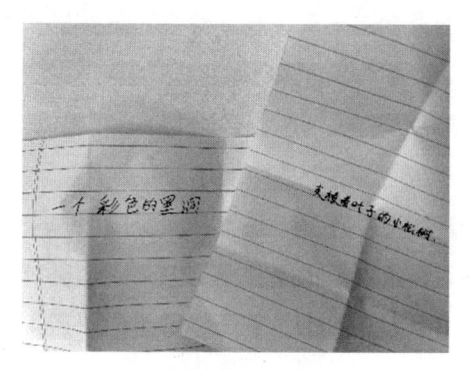

山精收到的小纸条

下雪了,不能到校上课,我们在线上空间写下每个人对"未来的某一天,你在哪里、做着什么"的遐想。

1	在我 27 岁的大年三十下午,北京,也许丰台区,我和我的爱人在逛超市还有菜市场,然后吵吵闹闹地拖着一大车的肉卷青菜豆皮鸭血麻酱饮料回家。他做饭我收拾客厅,最后一起贴春联还有福字,准备迎接晚上将会来吃火锅的朋友们。
2	波士顿,晚上八点,一起吃火锅。
3	十年之后或更早,和我家狗在雷恩的圣诞集市上,吃了好多软糖和可丽饼。
4	三十岁的时候,希望我住在一个有竹子和荷花池的地方,池子里养一些锦鲤。要个放满书还放着沙发的小阁楼,还能爬到屋顶坐着看落日。门前的草地上有一小段石板路。附近要有书店、好闻的面包店和糖果店。路况便于骑车。还要有森林公园。("家里蹲"真没见过几个具体的地方了,就凭感觉想象吧)
5	大约 21 世纪 60 年代,未来的我生活在一个普通的未来大楼里,未来有 70% 的楼漂浮在空中大约 100～200 米高的地方,这样可以防止地震等自然灾害造成的财产损失和人员伤亡。我的住所有个大窗户,从房顶一直到地上,晚上能看见非常漂亮的夜景。在窗边有个望远镜,用于观察星体和一切潜在的危险。我的屋里有个逃生密道,密道里可能准备了一个降落伞。还有个密室,入口在马桶后面,需要舔一下才能开门,而且密室入口只会识别我的舌头。我在未来会做科学研究,可能是危险的研究,所以我的密室里有我机器储存着我的所有记忆,以防不测。机器可以把我的记忆输送到一个人造大脑里。除此之外,我家的大门也需要舔一下才能打开,这叫作唾液识别,或者舌纹识别。
6	在我二十六岁的生日刚过,午夜或凌晨时,如果天晴无云,我希望我可以独自一人或者与友人一起(假设真的有人会陪我跑去冰岛的话)驱车到冰岛雷克雅未克的郊外。如果运气十分不错,就能够看到北极光;没有那种机会的话,那我可以把望远镜架起来,兴许车上会备着一些热可可和毛毯之类的东西,假设我能靠它们抵抗午夜时分冰岛首都外的寒冷,那我会在车上坐着,一直等到天边泛白,然后回到镇上的家,把我养的猫叫起来。
7	瑞士的一个山坡上,冬天但是还没有下雪。房子不大,但很宽敞,是深红色木头做的。面向着草的那一面是玻璃的,没有沙发,代替它的是泡沫的椅子和厚厚的毯子,在房间里不需要穿鞋也不需要穿袜子。有一些干花,有一些书,有一个厨房,厨房里面有永远供应着的咖啡、红酒和干酪。周围没有邻居,甚至可能不通网络,只有一条在下雪天会无法前行的小道通向小镇中心的教堂。
8	在我二十岁的时候,我希望我不会生活在一个固定的地方,而是不断更换生活的城市,可能在国内,也可能在国外。我希望尝试最简单地生活,在不同城市徒步,探索不同城市的废墟,用影像和文字来记录它们。希望我能读想读的书,写想写的东西,同时还能继续收集合金小车。

关于"未来……"的八份答案

大伙儿才下了一节课，进小屋放下书包，就抽出一张白纸写"关于我的死亡"。而且，结束后当日轮值末盛跟我感慨，这个活动没有她想象中那么凝重以及忌讳重重。谁不记得，关于空投骨灰那句话，怎么逗得所有人哈哈大笑？！

学生想象中的"离去"

有一次我们搞砸了。当我们时隔半年再次齐聚校园某一隐蔽角落，操铁锹上阵打算刨出上一学年初自己写给自己的期待，将之换成给下一学年的自己的信时，发现由于当初没有考虑到土地会渗水，旧信经过时间之手摆布，已经软烂成碎片。

学年末最后一节课，导师组将要解散！我们也是用手写的方式，跟最在乎的人告别。

为了维护团队中每一分子的安全感，写信的时候我们总是相约不署名。在随后的分享交流环节，允许猜、允许作者跳出来或者默不作声。十几个人的字迹，一年下来我还是分不清，但有心的大孩子却早已可以有效捕捉了。

软烂的信

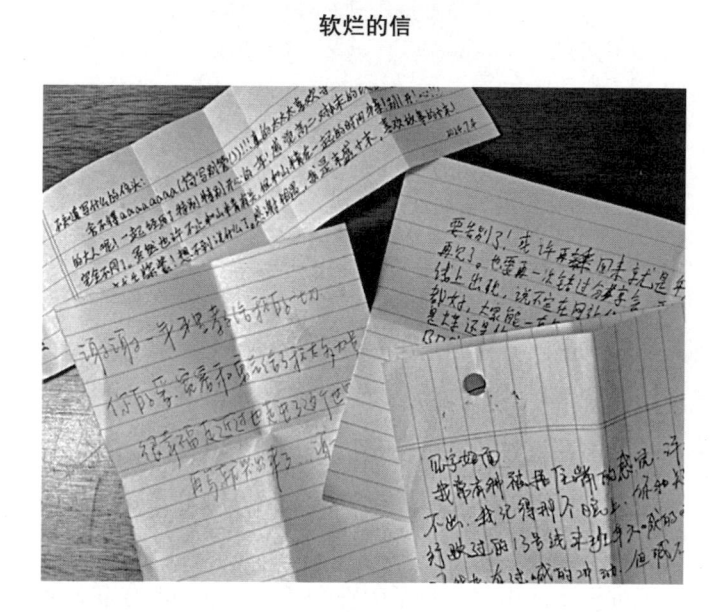

告别信

第一封信
与写作相伴的日子

亲爱的阿库：

让我们从这里开始吧。

2015 年 9 月，我回到母校开设了创意写作课。从那以后，我和上千名青少年以写作为伴，在这个沉默而又辽阔的世界里摸爬滚打。我们中的一些人，因此结下了长久的友谊。我们写，可能不会马上取得作文高分。因为写作是个慢功夫；也因为我们好似在大海中游泳，较之规则与边界我们更在乎"我在游"这件事本身。我们以写作探索世界。虽然，看上去我们的困惑没有随着文字上的倾吐而减少（甚至还可能增加），但我们都能感受到——写作的人说出话来更有底气、行事更淡定。借这个方式，我们在自主地倾听生命，把前行的动力掌握在自己手里。也就在这个过程中，我们逐渐理解了写作到底是什么——作为人类古老的信息传递方式，它（这本书里主要是叙事）是怎么运作的。写作是最人性化的交流和沟通工具。它帮助一个人深切地认识自己。

阿库，对技巧的领悟背后，是对人性的领悟。探索主题，其实是在深入和自己对话……不再畏惧写作，多多实践，我和小伙伴们在神奇地用自己的方式越写越好。因此，我想把我们的一些认知和经验教训，关于写作是什么和怎样写，在这里分享给你。

也许你也有一个敏感悸动的灵魂，也许你自认为已经麻木许久，也许你只是想迫切提高成绩……你来了，我没法在人群中一下认出你的面孔。但我希望能认出你的眼睛。我希望写作能让你（像它对我们一样）心静下来，在这纷繁芜杂的世界里开出属于自己的小花。随之而来的，你也会越写越好，成为一个真正的写作者。

阿库，作为开端，在这封信里，我想把关于写作（我相信也关于其他很多事物）的终极答案放在这里：如果我们想彻底地理解什么，就要把它还原到生活里。比如，写作可以是一种生活方式。

这听起来没什么难以理解的。然而曾经想当小说家的我，用了半辈子才真正明白这个道理。

说起来，当初对少年时期"要是有一帮人一起写，该多好！"的梦想抱最后一丝幻想来中学应聘的我，是个已经很久不写东西的中年人、两个小孩的妈妈。当我正式开起了写作课，有学生在课下追着我问："老师您出版过什么小说？"我只能坦白："我什么也没有出版过。我不是作家。"为了教好我的课，为了不被学生落下和小瞧，我几乎是被迫地重新开始零星写点什么。

早年那一点小说创作失败的阴影还笼罩着我，我背着人写、全无把握。只当检验自己的教学设计吧，我忠诚记录着日常点滴。那时我每天凌晨3～4点起床备课，还要接送不能独立乘坐校车的孩子上学放学，全年无休。我写下的，也无非是这样的句子——"我精疲力竭了。我又'盼'来了这个日子，校历上的，9月4日开学。这一天是淡绿色的，上午下了课，我就在新的大办公室整理东西。像只不辞辛劳的动物，一趟一趟往来203和办公室之间光滑的水磨石地板。呀，我的203，不在了。"（截取自山精的写作日志打卡 2017 年 9 月 3 日）。这样断断续续如同为一本辞书做卡片，从硬着头皮写，到自觉自愿地写，如今 7 年过去了。大量往昔的写作碎片已经在层层文件夹中蒙尘，我数不清自己到底做了多少次日志打卡，很多零散的笔记如光影中洒落一地的光斑，内容我都忘记了。但是，到了差不多第 5 年，我开始有了一种自觉的意识。这种意识，不是"作为老师，我要主动打卡"，也不是"我终于可以当个作家"，而是"原来我是这个样子的"。很多微小篇幅的闲谈和呓语积攒起来，形成了我生活中的 B 面。它比生活在自己和他人眼睛里的那个 A 面的"我"，更真切地展示了我是谁。

　　我记录梦境。我经常梦到家人。前些年的梦里我隐隐担忧着还是孩童的儿子和女儿被坏人掳掠，近年的梦里已进入青春期处处和我闹别扭的女儿转过身，清晰地叫着我"妈妈"。我一次次写下几次刻骨铭心的旅行——在法国、在非洲、在厦门……虽然至今我仍没有办法把其中任何一趟旅行诉诸完整像样的作品，但我看到了自己多么不愿忘记它们。而回看前几年自己笔下的某些细节，树影也好对话也好，今天的我果真已经记不清了。我写下繁重工作中很多"当时当刻"——2023 年 10 月我为杏沙窝班那堂温润如水的童年回忆分享课写了小诗；2023 年整个春季我花费了大量时间与导生约谈，以至于日志里我写到这段时间自己好像乘坐快艇、雪白的激浪飞溅；我写步入老境的妈妈的出血与肿物；写自己每当放假反而坐不下来的惶惶然和内心孱弱……我有时胡言乱语，有时写诗，有时呻吟，有时祈祷……日常写作的时刻好像水龙头里的暗红橡胶皮钱。它可以老旧得生出裂痕、不起眼，但没了它，水龙头作为"喉咙"将会失控。如果不是应付学业和考试需要，人很多时候不是必须得写。但在把人支使得脚不沾地的现实生活之外，人需要回味，需要沉淀所思所感，需要为自己明确一些什么。

这些年我一直在尝试写出完整的作品。2023 年，带五个班教学、十几个导生和一个社团，运营着一个课程公众号同时操办着一个写作大赛的我，某天忽然想到：为什么我不可以趁着写作大赛的机会和学生一起写？于是，我攒起来不到两个月的周末空闲时间，完成了我迄今为止最满意的一个故事。当我日间夜间在楼下车棚散步，一次次凭着想象和意志推进那个虚构世界的情节进展，我切实品尝到了创作的甘美滋味！当然，能够在截止日期前完工，能够使一些好几年前莫名出现在脑海中的情景最终被塑造成完整的作品，给了我莫大的信心和鼓励。今年，我再一次从春季开始动笔，拟复制去年的路数。我打算由这个冬季自己的单曲循环——Stephan Micus 的 *For Nobuko* 构想故事，初遇见这首曲子它就给了我极强的画面感。但是，我推进不下去。随后我又转而尝试写一篇关于童年的回忆录。也失败了。是因为这一年的心境、自己在现实中所处的情势与上年不同，还是因为灵感和运气飘忽不定？我不得而知。不过，短暂的垂首过去，我问自己：为什么写作大赛截止日期过了，你不能继续写？

只要什么时候再次有意愿拿起笔，你就还可以写下去。

阿库，每当想到我自己在打卡日志上敲字的那些瞬间，我的感受并非简单的"美好"所能概括。所以当我推荐写作这件事给你时，我说它"甘美"。这个词让我想到了美国诗人露易丝·格丽克一部诗集的名字——《直到世界反映了灵魂最深层的需要》。是的,有些事我们不应仅仅以好坏来评价。真正美好的事物就像太空中的小星星因为气流摩擦和温度所展现出来的颤抖。你注视它,仅仅是因为你全身心渴望着去注视它。

这封信就到这里吧。如果你在其他事情上曾经体会过这种甘美,那我无须多言。如果你尚未体会,那么只有你经历到了的那一天,这些话才能呼应到你心里。

近来暑气蒸腾,祝

安心睡觉,每一口饭都香!

有忧虑也有安宁,

但不管怎么样都相信写作的力量的山精

2024 年 7 月 19 日

第二封信

开凿现实的坚冰，让灵感之泉汩汩而出

亲爱的阿库：

见字如晤。

暑日炎炎，我们昼夜汗水淋漓，这天气简直可以用严酷来形容。昨天傍晚，我们迎来了期盼中的那场雨。

新闻播报是这么说的："受高空槽和低空切变线影响，7月24日白天开始，北京出现进入主汛期（7月20日至8月10日）以来首场明显降雨过程，入夜后系统性降雨接连登场。根据北京市气候中心研判，预计今年主汛期期间，北京平均降水量比常年同期（1991年至2020年平均值）偏多两至四成。"（北青网2024-07-25 14：19）而我正好目击了大雨来临的那个时刻。为了孩子第二天的旅行，我匆忙去买一包果冻。跨出超市门时，瞥到一个短发女人靠在主食窗口跟正掀笼屉抓包子的店员比画："那个云厚得……马上就得下。"待我小跑回自家单元门口，站定转身看天，看到了几大团墨色浓淡不一的云，以火山爆发之势朝着我家对面楼后方疾速涌去。再远一点的地方，云层边缘析出藤蔓吸盘一样的细丝，像我小时膝盖伤疤上的拉丝。这是18点20分。两分钟后，第一批几个大雨点打到地面上。随后，我连手机照相App还没来得及打开，穿成粗线的雨就劈头盖脸降落下来。风卷着白色水雾一路扫荡，溂到了我身上和身后的楼道里……

阿库，这场雨给我们带来了清凉，同时我想到了关于灵感的问题。因为连日酷热难当，所以我格外关注这场雨。我赞叹天工神算,在短短几十分钟里一扫地面的闷热暑气。孩童时期,我们都会不为什么理由地专注去看、去聆听外界(和自己的身体)。很多人说到写作,顶顶头疼的就是灵感。而灵感的到来就像这场雨,会由你下意识的专注(或者说,放松状态下的专注)里,悄然而至偷袭你。

围绕灵感的种种事情,是一个古老的谜题。老到就像每个总会长成大人的孩子都会发问:月光到底是怎么洒在地上的?为什么我捞不起来?或者,星星在遥远的山顶上闪烁,它们冷吗?它们是不是在同我说话?

灵感是写作肇始时期的第一要素,而且它的作用会贯穿整个创作过程。这导致很多时候,很多人在写作的开端就会望而却步。它,似乎是股魔力。从字面上就可以看出来:灵感是一种瞬间心中灵光乍现的状态,以及(想象中的)对这种状态召之即来挥之即去的快意。如果想到灵感,眼前的画面是一根细绳上系着一个或几个铃铛,不知怎么推动一下,它们就能叮当作响,那么人们脑海里首先浮现出的大概就是那些"有才能的人"——灵感的绳索是穿梭在他们飘飘衣袖上的金丝银线。这莫名的福气,让他们随便抬手打个响指,就能招来一连串叮咚悦耳的声音。

对我来说这当然是一种谬误。作为老师,我甚至认为,任何一门写作课如果不能帮助人们弄清楚以及改善灵感方面的困顿,那么它就没有足够重视人们在写作起点上的困境。甚至,它不够尊重做这件事的人。但我从大量实践中悟到的正确观念,我却没法让学生在一个课程结束之后就能够搞明白。实践出真知。人们越畏惧创作,把创作的权利拱手让给那些他们认为配得上这一行为的少数人,就和这创作中本应属于常识的观念离得越远。因此,也越会认为它玄妙不可攀。

亲爱的阿库,你有过手头鼓捣着什么杂务(比如叠衣服或者在晚风吹拂的放学路上蹬自行车)或者发呆时,一瞬间某种感受、思绪,从不知何处冒出来的那种体验吗?它像黏滞午后的一丝风,像羽毛从高空打着旋飘落,像一道光斑在昏暗的意识世界一闪而过。如果你没有反应过来,赶紧抬手捕捉(甚至有时你伸手去捉了,还会扑个空),很可能它过去就过去了。就像行色匆匆的你左脚不偏不倚从它头上迈过的那只蜗牛(它没动,不过你动了不是吗?把它像个谜一样抛在那块方砖里)。这也许是关于最近自身处境的一个顿悟,也许是莫名其妙眼前浮现出的一幅画面、心里涌出的一种感觉。在那 0.1～n 秒之中,你的身体虽然还在原地,你的意识却可以飘摇到另一个空间、另一个维度。如果任自己沉浸其中,那自然是一桩美事。不一定因为你能够得到什么,而是放松而专注的沉浸,本身就熨帖身心。但是我们从小受到的规训往往是不要让自己开小差。于是,理智会在人还没反应过来时,掐灭那个火花、割断那若隐若现的蛛丝,带我们迅速回到现实中来。

可惜。这真可惜。

山精认为,正因为我们是活生生的(至少,希望你不要否认这一点),我们行走坐卧,眼睛、皮肤、脚底……全身参与其中,所以这样开放、涌动着的生命体中，就会时不时被激荡出超越了理性束缚的意念和感触。灵感是生命活力的一个体现。

那为什么很多人不把自己偶然涌出的灵感当回事呢？也许是因为它不在任何理性的轨道里，看上去不那么可靠，也不是马上就可以用起来。

正因不好归类，人们有时会尝试称量自己的灵感：我的灵感质量如何？是不是太过微小庸常？

可谁又能给生命标价？！这些灵感，也许有的会对一个人有超出当下的长久影响，有的仅止于"本日特供"，但它们都是我们有如风吹树叶、树叶哗啦啦作响一样存在着的证据。对待灵感就像对待自己，有时不要太功利。

灵感如何能够对自己产生长久影响？例如，一个灵感贯穿整个创作。就像人的思维路径是从感性发展为理性，灵感这种潜意识层面的产物也必须被反刍、被锤炼，才能形成更加抽象、更加明确的理性思考，然后真正扎根在我们的心里，并向外开花结果。

亲爱的阿库，我相信，那些"有才能的人"，在这一方面，不过是充分了解且尊重自己思维和身体的人。他们以开放的身心去生活，并相信自己的生活本身，哪怕看上去多么平凡和微不足道，也能凭活力，为生存和发展提供足够的源泉。至于他们到底怎么从经验中学会找到灵感、善待灵感？单从灵感诞生的条件来说，回想起来你自己应该也有类似的体验，那就是适度放松，在放松中找一种意识专注的感觉。

我认识一些认定自己毫无灵感的人。很可惜，较之自己的力量，他们往往更相信外界制定的规则和秩序。也许他们能在某些任务中发挥优势，但他们内心的河流往往封着厚厚的冰层，抗拒、畏惧风和鸟的造访。

（你也可以说，我们或多或少，都是这样的人。）

灵感的降临，不需要像跑八百米那样咬牙切齿地努力。甚至，渴望好结果带来的紧张一定会让事情适得其反（谁都有过在考场上看到作文题，脑子忽然一片空白的经历吧）。但是，我们能主动尝试去为它做的事很多。这包括学习适度放松身心，同时又像小孩子玩泥巴一样专心致志。虽然灵感是可遇不可求的，但是某种微妙的平衡、协调能力，是一颗成熟的心灵必备的。

山精的灵感，总是看似微小而不起眼。

我是大城市里典型的中年人——人群中面目模糊的一员，奔走于芜杂事务间，被限定在循环往复的轨道里。我没有条件乘着捕梦网在都市上空游荡，甚至早起也没有心力照镜子。降临在我身上的灵感，果真跟我的各种"正事"都无关。我也不知它们是从哪个积着灰尘和宝石的角落找上我的。

翻阅我的写作日志打卡，你可以捕捉灵感在这里或那里闪光。我什么时候都有可能做一点篇幅短小的打卡，大部分是我在一天中得空时做的。有时，我为了不让刚刚涌现的灵感丢掉而匆忙敲字；也有很多时候，我只是感受到了心里涌动着点什么，不过在打开电脑前我也不知道自己会写下什么……在随意地自说自话的过程中,在无意识中,想法和灵光冒出来。尤其是,某些时刻奇妙的字词和说法不知怎么就从字里行间生长出来了。

从深藏在文件夹的上百篇打卡中,我挑选了几个碎片作为例子。

记得上一封信里,阿库,我跟你念叨过我的疲累:

> 当我抱臂把上半身挂落时,忽然感到我的躯干是一个中空的玻璃壳。
>
> 里面空无一物。
>
> 继而,当它一步步向下肢贴过去时,我想到了几年前简笔记下的那个梦:空谷幽兰,吃咸菜。一个绝对静止的小空间。(2022年9月"一个感觉")

> 等回到家的时候,踏进家门,我已经受不了了。
>
> 那种下班半路上突如其来的感受没有办法得到减弱——我感到所到之地,每一个此处和彼处都是那么回事,可以预想明天的清晨和今天的不会有任何不同。
>
> 晚饭后我站在窗下(只有晚饭是新鲜的。今天吃了虾,我家很少做虾),看着黑暗中道路的灯火,晚风从敞开的窗户游动进来,我忽然感到生无可恋。
>
> …………
>
> 等到8点45分的时候,在死灰色地垫上看书的我,被某些文字环抱住了脚腕——我感到了忧伤。
>
> 那些过去走过的景物,其中代表着凄凉和忧伤的部分,

支离破碎地回到了我的心尖。

我想到了前几年的疲倦。

夜以继日地工作。

拖着沉重的肉身走在放学时的校园里,我。虽然旗子在高处飘扬,绿草如茵,我却感到自己身上爬满皱褶,脑子里装满泥沙。

我想到了旅行中那些荒凉、一闪而过的窗外景致,误入歧途——那是我的最爱。(2022年9月15日)

我活像一只昆虫标本。

被囚禁。仓皇之间的身体姿势,张牙舞爪(别人怎么看已经不重要)。眼球外凸。失控的手臂和腿脚反而透露着这具躯干的无力。最后的挣扎。我还记得湖畔落日。巨大,红得通透,与我无关。

在冰封之中,一切都是我最为厌恶的白色。四下里都是。既不透明,又不带有任何色彩。不是夜间天空的蓝色(我不可抑制地想起以前军训时在乡间小道拉练,夏夜高高的杨树梢上唰啦唰啦的声响。好像火车),不是红色,也不是粉色(火龙果)或者我讨厌的紫色(去看歌剧,坐在后排就看不清舞台上女巫的唇妆)……它是什么都没有的颜色,而且不会改变。

这里没有白天或者夜晚的变化。头顶上固然有着荫翳或者柔和的区别,然而,没有鸟叫声,没有星光,那区别又有什么用?!

我想起了篝火。

篝火是怎么回事？噼噼啪啪地响动。有时深沉地沉默。火星弹起，好像萤火虫，飘摇着，晃荡着，最后摇晃着栽到火堆里。

火堆，深色的木棍彼此相搭，交叠。分不出彼此，消弭了当它们在枝丫上时粗壮或者瘢痕的区别。反正是一个通体越来越黑黝黝的过程。表面崩开，脱水……

我在迷迷糊糊间幻想着篝火。幻想着春天的到来。春天总会来的吧？虽然我已经记不清日子，分不清一日或者一时长度的区别。这里这么安静，我能感觉到自己的心尖上也染上冰霜，变白，变得更加坚硬。而我，反而宁静下来。

在这种静止中，我看到自己在清晨跑步去追公交车，因为我儿子的校服外套还在我臂弯里。那是秋季，深秋，小区的马路上铺着一夜风带来的新鲜树叶，空气中是肃杀的银杏果臭味儿。臭和冷裹挟成了一个词。我后悔那时的举动，那一脚踩下去，我明明看见了却没有犹疑（也许我有一分钟的犹疑）。然而一切都晚了。（2022年10月31日"在十月的最后一天回归"）

我的惶惑：

家里乱得要死。

我却踱来踱去，顾不上收拾。

我想起赫塔·米勒说世界是只大野鸡。在我的世界里，它时而蜷起翅膀、凝固,时而狂飙突进。在近来时间线上发生的事件太丰富了,我几次欲言又止。这会儿我正要备课。我忘记了三四月自己做了什么,就像一个船长忘记了自己怎么率队通过冰盖和峡湾。这会儿我好像个无所事事的人一样蹲在某个台子上。发愣。想着一些不相干的、别人的事情。
(2023年5月2日"世界是只大野鸡")

我时常写到我的家人:

    如梦如幻如海岸边惨白的泡沫
    而那一切不过才是今天上午的事
    父亲的笑容和打趣
    母亲臃肿迟缓的身体
    迎春花
    哪里都能看到这种花

也正因此,它们随处绽开的五瓣或者六瓣黄色花朵伤了我的心,让我触目惊心

这一个春天又和其他春天有什么区别呢?

    在蜡梅区,有一棵树脖子上拴了供养人的牌子
    "供养人:蒋幼奇"
    …………

木牌上最后一句话是——

心中永远的怀念

    ——这是午觉太迟醒来才有的错愕吧

希望很快它就消散了

　　想到这是个周日下午,我感到世间所有"向爱而生"的说法全是骗人,分明是向着无可奈何也只能投奔而去的恐怖而生。

　　裂开黑皮嘴巴。
　　很吵。
　　回想过去六年,第一个词——紧。紧张。浑身发紧。心头发紧。
　　我和我养的黑皮鞋的冲突,无聊,令我疲惫不堪,又无休无止。(2023年10月19日"我养的鞋子会说话")

　　两大朵鸟,一前一后从我身体上方掠过
　　掠过我的右眼角
　　我眼角里盛着不能上学的女儿,以及眼睛蒙着一层白障的妈妈

　　让命运盛开吧
　　说不准咱们谁先谁后
　　(2023年10月26日"我的右眼角")

　　阿库,也许我不能解释得很清楚,但你应该能感觉到:这些文字里,某些部分更贴近生存的现实,属于记录;另一部分,与现实不直接相关。虽然呈现方式可能微弱,不过它们是现实中鼓起来的云朵、开出来的花。对我来说,想要写点什么的动力,往往来自和家人吵架、做了怪异的梦、度过了十分疲惫的工作日或

者周末出行这些具体经历。当我因为心头的念想要把它们写下来时，我就是想把这些感受和情绪、经历本身描述清楚。我琢磨用词和腔调，是因为真实情境下的感受往往很难一言以蔽之。这种时候，思绪会由事情本身飘荡开去，进入一个真空地带。它形状不定，形成洗手时水龙头底下的那种肥皂泡沫。而这些看似不着边际的比喻和说法，却让我觉得比直白地说更能精确击中我的思想感情。

不知你是否已经发现，在我的情形里，我的灵感往往跟那些更底层、更混沌原始的生命有关。兰花、昆虫标本、篝火、花瓣与鸟，它们有着某种同质性。虽然，我中学时生物学得很差，我也不是植物动物爱好者。

（一位朋友也说过，我的诗里总是有动物或者植物，果真如此。）

> 冬天
> 听牡蛎的声音
> 捧一碗白米饭
>
> 玄关门拉拢之后
> 过道寂寥
> 今天夜里我大概不会做梦
> （2023 年 8 月 20 日）

这完全不是我下笔之前设计好的，甚至不在我的意识范畴内。我无意也无法评判它们的好坏。它们以自己的方式从我心里钻出来、冒出来。从中，你能一窥一个平凡人的生活：工作和家事已经够分量，我却时常接下或者招致各种杂七杂八的事，无休止。内心的欲望和外力交织，做事时的我一个劲往前冲。可是过后，我的身体和内心却哀哀呼唤，袒露出脆弱的本相。我的父母年迈了，这让我隐隐地提心吊胆，很多时候却只能袖手旁观，提醒自己接受现实。我的一个孩子这两年因为先天的特殊情况，暂时离开了学校。争执、忧虑与不确定，让我感到莫大的压力和困顿。尽管如此，尽管如此，但我不是没有感到过深切的幸福与安宁（也许这里体现得还不够？毕竟困顿更能激发人们的讲述欲望）。

疲惫了一天后，剩下时间里我能为自己做的事不多。写点什么，是一种让我收获安宁的释放，也仿佛让我更清楚自己是谁，为我指明了第二天和后面很多日子的道路。阿库，你能看出来，我是个天真的人，有时内心不够强大。为了消解在人群中的疲劳，我独自一人时愿意躲到植物和动物的世界里，不再言语。虽然白天我努力打拼，但夜晚的我不那么爱思考，也不愿承担更多责任。阿库，你是否猜到我的笔名为什么叫"山精"？告诉你一个秘密：我这几年写的每一篇小说里都有山。山以不同的方式出现在我为自己幻想的世界里。而且，我笔下的世界往往不那么现实，带有魔幻气息。我不擅长写长篇小说，也不擅长写很凝练的短篇，我就写一些不长不短的故事。

回到现实。大部分不打卡的时间里，我依然要去行动，为生存和发展而奔忙。这些灵感极少被用来生成完整的创作。不过，除了"当下"的意义，打卡几年后回头检视这些"我"，对自己感兴趣的话题领域、自己的感受和思维方式等通常被称作"创作风格"的雏形，有了更明确的意识。对自己在写作方面的长处和短板，我心里有数。对自己的胸襟、能量有几斤几两，也有了更加清醒的认识。

阿库，一个人的灵感，应该就是从他（她）的血肉之中生长出来的。我相信你像我一样，有太多让人叹为观止的生命力没有冒出来。我们要做现实中的人。而在不多的留给自己的时空里，你不能以压榨和强迫的心态去对待自己。当你心无旁骛地和自己说话、凝视瞬息变化的云和雨时，苏醒过来的灵感会奔来找你。

这边雨住了。你的心里也感受到一丝清凉了吗？祝

在睡梦中感受到雨！

并非灵感源源不断，但是喜欢雨的山精

2024 年 7 月 25 日

第三封信
未完成的初稿与涡虫的领悟

亲爱的阿库:

最近过得怎么样?

有没有开始写些什么?

就像春日之手拂动树叶,当你动手写起来,回忆小时候一家人吃饭的情境,或者补录上个月小学好友的生日会、怀念一次夜间独自骑行,你或许已经在摩拳擦掌——什么时候真正写点什么?!想象一位有独立意志的主人公,搭建一个架空世界观,从开头处开始,至结尾处结束……属于你的作品,就算它的问世不会改变世界,至少你可以择机偷偷塞给一两位好友传阅。

你开始留意:别人那些正儿八经的作品,到底是怎么弄出来的呢?

在我另外一本书《北大附中创意写作课》里,我引用了我的学生阿留诺克对她高三那年如何写出小说《米沙的冬天》的回忆——

> 最初这篇文章出现在我脑海里时只是一幅画面:一个少年在林间雪地上奔跑。那大概是去年冬天吧,也就是高三上学期的时候。这幅画面在脑海里久了,我便开始想:他是谁?他为什么要这样跑?为了回答这些问题,他有了背景,有了名字……有了名字,第一句话就在一天晚自习的时候直接出现在了我脑子里:米沙·斯捷潘诺夫是一名今年十五岁的游击队员。可这样太长啦,我又想,还是缩短一些吧。于

是第一句话就变成了现在的样子：米沙·斯捷潘诺夫今年十五岁。之后的句子就在那个晚自习不断涌现出来了。我把它们记在学校发的平板电脑的备忘录里。从画面到文字其实过了挺久的，开始动笔写应该已经是高三下学期的事了……大概是高考前一两个月的一天，我因病晚自习请了假，骑车回家的路上看见路边的一排杨树被风吹动，蓝天有一角被夕阳和晚霞染成淡紫色。那天晚上我躺在床上睡不着，爬起来写了未来会用在《茨卡达耶夫的夏天》那一篇中的列别捷夫之死，以及米沙牺牲的整个"四"。……

心之所至，形象与句子不断在纸面铺展，肉眼可见地逐渐成形。创作，果真这么迷人又有趣。

不过，我兜里还有其他的例子。

上学期，"北方慢车"班的学生涡虫在4月初的"人物"创作单元，观察了一位陌生老头。基于这份观察，涡虫给自己的虚构人物起名"冠军"。她很快有了初步的人物设计。

> 1929年的大年初一凌晨，一个男孩踩着新年的钟声来到这个世界，便被赋予"冠军"这个名字。本是喜上眉梢之事，但他的妈妈在那个夜晚难产去世。原本好吃懒做的爸爸无所适从，他和爸爸两人在赵圈河镇度过了艰难的二十年，好在勤劳能干的他通过各种能力为这个小家做出了巨大贡献。一切都在正轨上，但就在他结婚生子一年以后，他被召唤去新疆当兵。他依旧保持着奉献精神，勇敢参战，但在一场发生于沙漠里的战争中他失去右手，战友因营救他而牺

牲。尽管最终战争胜利，他却寝食难安，回家时父亲也死了。后来，他一个人度过了孤独的五十年。（出自涡虫的人物设计资料）

随后，涡虫给出了对人物性格的分析，并且在创作前就构想出了核心的情节和侧重点。

我会侧重从他当下的性格切入，深入探究导致性格形成的事件。

在他的早年，他是甘于奉献的（为家庭、为国家）、敢闯敢拼的（战争前抢活干、战争时不畏牺牲），在经历那次事件后，他孤身一人，平时很少说话，几乎成哑巴了。他的行为变得偏激，在外人看来是疯癫的，只有他知道那是他回忆过去的方式。

回顾一生，前二十年他辛苦又幸福地奋斗着，后来参战的两年在他看来是本性最大释放、价值最大体现的时刻，后五十年他活在过往的回忆里。（出自涡虫的人物设计资料）

涡虫设计的核心情节，当它只有一句话时，看起来是对读者很有诱惑力的。

一个午后，晚年的他在镇上行走，通过看到的一个个景物进行插叙。（出自涡虫的情节设计资料）

可是，从4月到7月结课，涡虫真正写下来的文字只有以下两部分。

(1)"1997年7月1日零点,中华人民共和国国旗和香港特别行政区区旗在香港升起,经历了百年沧桑的香港回到祖国的怀抱,中国政府开始对香港恢复行使主权。"高昂的女声顺着老旧广播的刺啦声传到赵圈河镇里最破旧的一个屋子。

　　夜已经深了,镇上只剩蝉和广播的声音。

　　"1949年10月1日,新疆各族人民同全国人民一起,迎来中华人民共和国的成立。当月20日,中国人民解放军第一野战军一部抵达迪化,受到各族各界群众夹道欢迎。"

　　(2)"冠军,你一定小心!"赵川担忧地低语。"我会的!"冠军就这样,只身冲进了敌方战场。眼看着伪装任务就要成功,一颗子弹从远方的枪膛里窜出,包裹着空气中的尘土,正中冠军的右手。刹那间,对方像是找准了靶心,四颗子弹将冠军的右手打断,重重地落在沙漠上。血淋淋的手轰然坠落。赵川见到手落下的那一刻,心也仿佛受到沉重一击,心跳随着呼吸变得不规律。他义无反顾地跑出营帐,营救冠军。不到二十岁的热血小子不懂战术,只知道……(山精注:涡虫的初稿只到这里)

冠军后来怎么了?

作者涡虫身上又发生了什么?

　　亲爱的阿库,这又是一个常识。不过因为创作经验甚少,所以来上创意写作课的绝大部分同学不明白:有灵感、想法,和完完整整写出一部作品,几乎可以说是两件事。退几步说,日常灵感的捕捉、吐槽与记梦,和真正的创作是两件事。

有灵感也好，想要写作的目标也好，都只是一个开端。灵感的地位，当然是创作中不可被取代的。从上一封信你可以感受到，灵感仿佛某种灵性的启示。如果你把创作当成对于现实生活的求索过程，灵感就是宝贵的礼物。因为它们带领我们跳出思维的窠臼与所谓理性对天性的禁锢，直接从大后方——每个人的内心深处升起了对生活真相的洞察。但是，阿库，你也同样会感受到，灵感本身的非理性属性，让它飘忽不定。如果不加以理性思辨地反刍，去弄懂突如其来的想法背后的逻辑，以及它对自己来说意味着什么；如果不用感性开拓灵感的范畴，让一个画面展开为相连的多个场景、彼此环环相扣的多个情节，单凭一两个灵感不可能支撑起整部作品。"创造"这件事的思维过程，精妙又复杂。你应该已经发现，其中既需要感性，需要潜意识，又需要理性。在一系列的思维行动中，想象和思辨彼此交织，意象、情节和场景、人物彼此杂糅，才能让形象诠释思想、让叙事发展推进思考。就像钟表，不同类型、位置、功能的齿轮交互作用，协力推动，才能奏响精准又悦耳的报时之声。不，这个比喻还不合适。让我再尝试表达一次。

最初的灵感是一粒种子。即使它被南来的风、被蠢蠢欲动的河水唤醒，它能否发芽、用什么方式发芽，也都只能说属于一种潜在的"可能性"。只有当阳光、兔子灵巧的脚步、蜜蜂出于本能的折返劳作等生态运动的过程都走过后，你才知道这粒种子能否开花结果，大地能否因几粒看似微小的种子的萌发，最终成就葱茏气象。

好了，阿库，你现在应该明白：正如一本书一定是一个个句子、一页页纸面的总和，一个故事一定要经历从开端、发展至高潮和结尾的时空变化，一次创作，绝不会因为命运的小小青睐而一蹴而就。阿留诺克的作者阐述没有写她创作中的卡壳和随之而来的困惑。或许，她的这次创作的确顺利。但大多数情况下，故事的生长就像一个人的生长，不会一帆风顺（当然，我们不能因为中途卡顿以及耽误的时间，就判定它缺少价值和分量）。

阿库，完整的写作过程，是一次真正的旅程。它会考验我们的叙事能力、写作时的心态、意志力，并在这个过程中迫使我们一次次回首初心，追问自己当初到底为什么出发。灵感的降临是我们不能左右的，我们只能放松心态，等待和接纳。而创作一定是由人的主观意志和行动推进的事件。当然，和其他很多事一样，这类事件也需要几分时机和运气。但是归根到底，你需要方法、经验和毅力，而非耽于幻想。

回到涡虫的例子。在7月份的结课总结里，她再次把之前的片段提交上来（"不是终稿，更不是初稿，只是一点。不完整，没有主要内容，很羞愧地交上来，只当作对那段时间艰难的记录。"），同时写下了如下的总结：

> 起初，我只是观察到这个行为看上去与众不同的陌生人，得知他是我的写作对象时我其实无从下手。我对他特点的了解就是因为陌生感。这种凭空捏造出一个人却又不能完全虚拟，还要遵循一个基础的模板的感觉真是不舒服。我对他的性格推进得很慢，不熟悉的年代背景、地点、家庭、性格，还有当时的社会状况（这或许最重要）……不熟悉的事件。我发现我需要查很多资料才能一点点铺出他的基本

信息，这不仅使我退缩，更让我产生了放弃的想法。这个过程中我试图理解他，但感同身受本来就很难，而我还要和这样一个完全陌生的老头感同身受，我目前还没有做到。

阿库，你有没有过和涡虫相似的遭遇？不管写作文还是自己搞点创作，那些遥远的国度、陌生的性格和身份……新鲜的世界诱惑着我们。毕竟，距离产生美（也产生"我很酷"的心理暗示）。可要说为它们真正写出点什么有价值、有干货的故事，是另外一回事。属于"05后"一代的大城市少年涡虫不了解将近一个世纪前在穷乡僻壤出生的冠军；关于一个水兵入睡前通常可能想些什么，或者公元前298年马其顿安提帕特王朝如何走向衰落，山精也毫无头绪。灵感和想象，都是基于熟悉的事物产生的。它们好似在我们已知信息和外部大世界之间搭的桥梁。而在完全不了解的领域工作，这不仅仅是指查资料带来的麻烦，更重要的是，如果你没有找到一个自己深入理解（至少，有自己的理解）的观点作为支柱，你根本撑不起这么一个世界。

不过，这份未完成的残稿，除了教训，也给涡虫带来了启示。

在学期末总结里，她被问道："这一学期，你最宝贵的收获是什么？最大的损失是什么？如果重新乘坐一次北方慢车，你会有什么不同选择？"她的回答是："最宝贵的收获是我重新获得了写作的欲望，写作又成为我的好朋友了。最大的损失是在课程中途因为自己卡住了就放弃了写作，无论是在创写课上还是生活里，那段时间我确实有点空虚；也没有足够的机会学到什么写作技巧，完全还是自说自话的。重新乘坐北方慢车，希望别中途把写作丢掉啦！它应该还蛮伤心的。"

我翻看"人物"残稿，发现涡虫在5月7日曾写过几句话：

20240409 今天我没有写作的激情。
七天后，还是没有。
20240416 不想写，哈哈！
20240507 试着写写。

我想起了期末前，涡虫提出想要延长交稿期限，我打电话过去和她聊天。

随后，我收到了她的新作品——《独家记忆》。在这份回忆录里，她讲述了自己从3岁时揣着妈妈给买的日记本到幼儿园去为好朋友画像，到学龄之后日记本怎么慢慢成了为别人而写的工具，再到今天的涡虫怎么重新找回了属于自己的写作。

是的，这是另一个问题，关于"真正的"创作——即使困难重重，心态上你也不要轻易放弃。尤其，如果你是为自己而创作。

这学期涡虫没有写出冠军的故事。真实的创作不会每次都被眷顾、被加持。这件事给我们的教训包括不要就完全不了解（也未必真的感兴趣）的题材贸然下笔，当心自己难以驾驭的那些遥远而陌生的信息；也包括即使拖延、写不下去，也不要否定自己的写作、怀疑自己。好在最终涡虫放下了执念。在《独家记忆》中，一个新的涡虫干脆聚焦于这个困境引发的连锁反应，对写作、对成长发出了自己的思考。

后来的你怀着充分的写作热情参加了创意写作课程，日常却被作业压垮。直到课程的最后一周，你回想起曾经与我的种种，你恍然发现写作和记录一直是你的朋友，一位可以帮你分担压力、听你倾诉心事的挚友。

　　于是你怀着万千感慨，留下这篇与老朋友的独家记忆。

阿库，说回来，相信很多人经历过这种"有个念头冒出来！→写了一半，写不下去了→只得放弃→开始怀疑自己的才能→再也不想写了"的死循环吧。反正，山精抽屉里藏着数不清的废稿。知道了日常涂涂写写和创作的区别后，我们要怎样才能不重蹈覆辙呢？其实，答案就在涂涂写写里。灵感和碎片式记录，与真正的创作不是一种性质、一个体量的劳作。但是，就像在其他很多技能的学习中体现出来的：后者可以逐步地由前者生发出来。

　　多多地写、心态放平了去写，这种日常积累会极大帮助到正式的创作。

　　如果你说"我喜欢写东西"，你首先应该指的是自己习惯于常常记录点什么，不问收获。

　　在我们的课程打卡区悠游，你会看到形形色色的页面。就像漫步于看似平淡无奇的草原，俯身探查，你会发现各种熟悉或者叫不上名字的植物。虫子在其间飞舞，爬上爬下。每个人的每段时期，都有自己经营打卡区的策略。这些跳跃的思绪、零散的呓语中，哪些能成长为一篇完整像样的作品？这需要机缘，也需要时间。

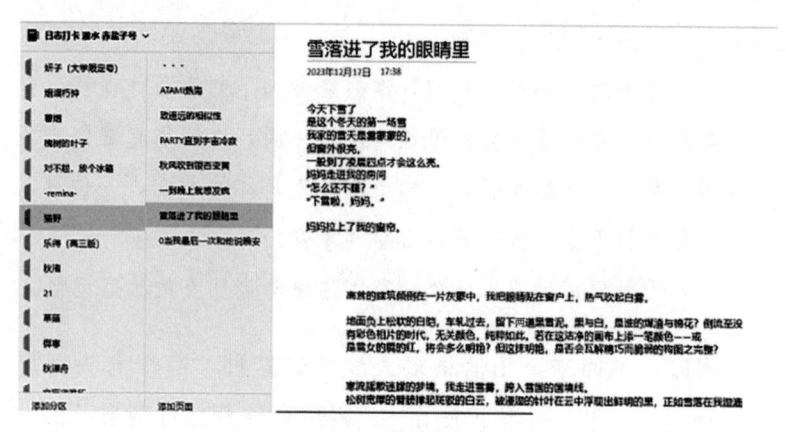

时而热闹时而冷清的打卡区

　　回到涡虫和其他很多小伙伴的困境。一个人如果时常写点什么，他就不会贸然进军自己完全陌生的领域。因为既往经验早已教会他：所有的字数增长首先来自"有话可说"。或者，他会自学，早早为了一次神秘的异域之旅积攒信息，在一段时间里断断续续地推进、更新。他知道这事情没法一蹴而就。再者，当他写不出时，他不会特别焦躁或者一下子失去自信。因为他知道在写作这种需要天时地利人和的事情里，硬弩不会有好结果。同时他也知道，写不下去未必完全是自己的错。创作嘛，它是为了自己的成长，而不是流水线终端等着给自己脑子盖戳的质检监察员。最后，他"不放弃"的具体做法可能是换一个时间、深吸一口气，或者换一个操作方式……总之，实践教导一个人要灵活，如是才能让短板不再短，把爱好真正变为所长。

　　所有想要一蹴而就，借此检验自己是否拥有才能的想法都是幼稚的。你为什么认为小提琴需要学习2～3年才能考级，而自己的写作却可以在缺乏日常习练的情况下一鸣惊人呢？让日常习练"为我服务",恢复它本身的贴身自在感;在正式写作中瞄准目标,不轻易放弃。当然,阿库,很多时候大的作品就是由琐碎的小灵感、跳跃的内心小剧场拼接衍生而成,但你仍需知道这两者之间的不同,并且学着去区别对待它们。

为什么那么多人拥有一堆开头,把写不完的初稿拖延,再拖延?因为一开始寄予了不切实际的期待。也正因为如此,人们总是在这件事上显得脆弱而无计可施。最后变成了想得太多,不敢下笔!

这学期,我的好几个学生在期末总结时说出了类似的观点。Freakia 总结她创作回忆录时的经验说:"下笔前不先斟酌这东西该不该写或有没有逻辑性,而是想到什么先写出来,可能会有一些非常意想不到的可爱产出。这样不经过滤写出来的东西有时候会更自然有趣(但是也可能写出乱码,哈哈哈)。"随后就是教训——"应该还是不要留到最后一秒再动笔?我总是觉得这几天我没时间,再放一放,然后发现自己真的永远都不会有时间。所以就尽可能早地开始构思吧。"她的同学 ZFlie 在同一问题下干脆给出四字箴言:"不要拖欠!"

今天就到这里吧,阿库。祝

在写作上,拥有涡虫一样的再生能力!

电脑里残稿一堆的山精
2024 年 7 月 26 日

第四封信

一个说自己不会虚构的人,怎么会有喷涌的故事?

阿库:

见信好。

雨一旦停歇,空气便又闷热起来。昨天,91岁的爸爸托妈妈发微信给我:"心静自然凉。"他们怎知道我燥热难当?对我来说,一时的心静倒是立等可取。不是空调屋和凉席,而是我随意就可以把自己带入某个草木还有些落寞的沙尘春季,我好像是在公交站等车……或者,夜晚入睡前大家都闭着眼睛,黑暗里我会给翻来覆去的小朋友描述晴朗盛大的蓝天,是秋季独有的能把人融进去的天。幻想就是原地推动旋转门,不花一分钱地去另一个世界——一个完全虚构的世界。

即使在监狱里,也没人能夺走你的这份自由。

可是,所谓虚构到底是怎么回事?到底该如何虚构?对我们来说,它又意味着什么?

我想起了2021年3月,我和学生墨柔(Maria)做过一次对谈。缘由是刚刚过去的寒假里,一向宣称不会写虚构故事、只会写些书评的Maria,写出了一个色调迷离,有人物、悬念和情节推进的虚构故事《高加索的故事》。这会儿我翻找我们的"赤盐"公众号,找出了这次谈话的音频。我把它摘录如下,或许能为咱们找到一点关于"如何虚构"的答案。

  山精:一个说自己没有办法虚构的人,怎么在寒假里面会有喷涌的故事,而且人物不是生活中的这个Maria,或其他你认识的人?

Maria：Emmm……我写的时候倒没有考虑到这些,就是每天打开电脑,想写就写一点。有时候写长了差不多要花一个小时,短的话也就十几分钟,把自己的心情记录一下。但同时发现还是需要披一个"马甲"的嘛!叙述者不一定跟我有那么多看似相同的地方,但是我为了表达一些想传达的东西,可能还是要塑造一些形象稍微平面点的人,然后把我或某个人的特征植入进去。而且,假设我很想向您讲一些东西,或者向March(山精注：March是Maria的同学)或者谁去说一些事情,我会发现(在谈话中)一味地剖析自己不是一个好的办法,同时很占用别人的时间,还不如用一点构思去想办法给予大家很多暗示。好像我不一定需要把每一件事情都说得那么明白,但是可以把大家的想法往一个地方去推。

山精：可以这么说吗?创作故事是(作者)把一些信息或者信号类的东西放在文本里,然后大家一起去寻找答案。因为你写起来肯定不是为了他人,而是为了自己。也许你自己也不是那么清楚,所以你给自己设一个局。有时设一个局,更好找答案。

Maria：或者说,先把思绪放置在一个地方。先设一个情境或者棋局,让它先下着。

山精：这个时候如果你直说,反而可能太简单粗暴了。有很多事情是没法用"判断"一类的东西传递出去的。

Maria：是。

山精：好玩的地方在这里。

Maria：我假期里完全写成形的只有第一部分，就是往郊外走、遇到树林。这来源于我有一天跟父亲开着车出去溜达。我俩一路向北，我们假装自己在跟踪外星的种子，然后就开始编。比如说这颗种子上公交车了，又被哪个人带下来了，又跑到哪个车里……一路正义地行驶。当时可能是两三点钟，车不是很多，阳光很明媚但有点脆弱。

山精：稀薄。

Maria：对对对。就非常非常好，非常开心。而且那一片绿化非常棒，种的都是白桦树，而且很高很高。嗯……可能就是一方面想寄托自己的某一种情感，另一方面想把看到的东西赶紧记下来，所以回到家后过了两天我就写了这样的一个……故事。但后面的故事基本都是我想了一个开头，或者说我突然有某几个灵感，就把它先搁在那儿，以后再往回看的话，也不知道能不能真正把它往下推进。也很巧，昨天我刚好看到了给大卫·林奇《双峰镇》配乐的人，也是他特别好的朋友谈到，他们写那个配乐的时候，他坐在钢琴边，林奇跟他说：你想象有一片特别高的树林，你在夜晚经过那个树林，要是有风……他就开始弹某一个前奏，然后说：（你）突然看到了一个姑娘，她叫 Paula，她很美丽，但又很悲伤……这个人又弹出了一个新的旋律，最后整个音乐落下去。后来，他们直接用了当时演奏的那个录像带去做（这部电视剧的）主题曲。我突然想到，实际上这两个画面很像。或者说我很能明白他想要一种什么东西。并且，当时我就是听那段音乐去写的这个故事。

山精：《双峰镇》你看过吗？

Maria：没有。那个是三季的连续剧，我时间不是很够。我只是关注相关的东西。

山精：但是只读文字的话，我会感觉，明燃（山精注：这篇故事的女主人公）和凡川走出城市是情节转折点。好像跨出这个城市，在像墨汁一样的夜色里面，可能会潜伏一些危机，比如说，黑暗会让人迷路，离开城市会让人觉得自己弱小……这时会有机会，让你把一些（更内在的）东西呈现出来。这些情境整个的颜色是蓝里面有一点紫。就是夜最浓稠，也很绚烂，也有某种危险的颜色。这跟你说的和爸爸去郊外的调子是不一样的。

Maria：完全相反。

山精：对，跟稀薄的阳光不一样。

Maria：嗯。

山精：所以这是你原来就有的东西，对不对？包括它讲到友情，对吧？（故事里）这种关系甚至比友情还要往前跨一步——是需要花时间去探寻的一种关系。

Maria：嗯，对对。

山精：这些应该是原来属于你的东西。

Maria：嗯……这两天不是下雨嘛！我特别喜欢雨天，也很喜欢天没有亮的时候，不管是凌晨还是傍晚。我往往在这种氛围中回家。我们家旁边是一个有点繁华的路段，有商场，能看到霓虹灯。红色，主要是红色吧，会一闪一闪，在积雨上会倒映出各种颜色。所有的气息，都很像《花样年华》里面的……我不太知道怎么去具体地说，很氤氲、很流淌。回家的时候，我还会站在旁边看一盏路灯看好久。它是那种——也很普通吧，很高的一根灯柱，不是两边有灯，只有一边有灯。灯是伞形的，有点像圆锥。光是惨白惨白的。因为在下雨嘛，我能看到雨丝从那个光束里面穿过去，就像一个花洒。我就站在那儿看了它很久。天有点蓝紫色吧，很深的蓝里面我也分不出到底有没有紫色。这就会让我觉得有林奇（电影）的感觉。或者说，之前有很多很多瞬间，我真的想停留在一个氛围里，或用文字去留住那一种氛围。

山精：如果说它像林奇，我的感觉好像是，它是一个有积淀，回过头再去确认的过程……这其实问到了，你在写、在听，或者在经历这些场景的时候，什么是你的主题？

Maria：很多东西，可能没有必要说从一个流动的结果里面跳出来，（我们）非要追求让它凝固。有些看起来像是人与人之间不同的情感或者联系，但我觉得好像不能够把所有东西都往某两个级之间去套。整个中间地带，反而是我们能够走得很深的地方。啊！昨天地理课在讲贝加尔湖。它的剖面图，是一个盆形。就像这个湖底一样，可能会逐渐扩张，或者怎么样……肯定需要走得更深，才真的能变成一个广大的湖。如果只是一味地往平了去摊，实际上地方没有很广，也没有必要。

山精："往平了摊"是指追求一种确定性，或者贴标签，对吗？那我想问这故事的结尾是什么意思？就是旁观者认为明燃是一个人，但是她知道，她刚才一直在跟另一个人在一起？

Maria：我其实也不知道是什么意思（说到这里，Maria 笑了）。就只是需要一个人、一个契机，把明燃从那片树林里带出去。她需要从那里抽身，回到城市里面。而且不能是一点点走回去，要很迅速地回到之前的生活里。

....

山精：是因为之前你没有这样的状态，所以没有去写这样的东西；还是说，其实一直是这样的，但之前没有用虚构的方式去探索？

Maria：我觉得是后者吧。

山精：去年这个时候，"惊蛰"（山精注："惊蛰"是2020年春季居家学习期间，我和雨花老师组织的线上读写会）成立时，我邀请你参加。你说："可是我不会虚构故事，我可能会写一些读后感，可以吗？"我想知道一个人的虚构能力怎么能在寒假这样喷薄而出呢？

Maria：就是想把自己的一些事情讲给别人听，却不能直白地去说。这段时间里参与更多学校的公共事务，也让我对这个行为（公共表达）本身的意愿更加强烈。

山精：所以点不在于虚构不虚构，点在于表达？

Maria：对，点在于表达。

山精：嗯，虚构只是很自然地选择了它，或者被选择。需要营造这个距离，去设一个局。这是一种安全的确认，也是理解的可能性。

　　Maria：昨天我还跟我父亲在说，为什么会觉得 darkness 是非常美的一个词。我觉得它跟中文的"黑暗"还不太一样。"黑暗"带有一个价值上的判断，但是这个词好像只是代表没有光。它包含不确定性。比如说目前看哪儿有一个没有光的角落，我可以想象千万种事情发生在里面。某居民楼看着很普通，当整个天暗下去以后，你也不知道每家每户到底发生什么样的故事……你内心却经历了很多，不管是幻境还是想法。这很美妙，很绮丽。我一直特别喜欢李贺。他就给我这样的一种感觉。

　　山精：它是不是涉及，一个人对自己和公众之间的界限（所谓"安全感"）有了不同的看法？我理解为了成长的需要，你一定要深入到不安全的地方，然后你对安全的理解会跟之前不一样。

　　Maria：我之前肯定也是向往的，但我只是站在那条边界上"在看"。一直在好奇，但同时身上的枷锁还是比较多。

　　山精：不是所有事情都要想好才会发生的。就像虚构故事，你是随着写让它发生的，甚至你写的时候，你很清楚它已经发生了，但你不问为什么。

　　Maria：对。自己没有试图引导自己，而是先把一个话题大概放在那儿，然后让它自己流淌。这样可能真的能知道自己最……真实和最……

　　山精：对。撕掉标签。

....

山精：最后，我还想问：在这个寒假写下这些东西，是机缘巧合吗，还是因为发生了什么事情？

Maria：我非常非常偶然地看了两本书，一个作家写的。我感到非常难以置信！我用鼻子嗅到了他的气味。

附：《高加索的故事》片段

还有一周便是结婚的日子了。我的未婚夫是个金融操盘手。相恋五年，门当户对。结婚的事宜也商量妥当。不大办婚礼，一切从简。

晚上他接我从律所回家，说他需要去纽约出差几天。他帮我把冰箱填满了食材，让我照顾好自己，不要太思念他。我说好。

一个人在沙发上从八点坐到十点，茶水喝了一杯又一杯。只是两眼空空地盯着酒红色的电话机。

等到一壶龙井终于泡到失去味道，与清水无差，我终于拨通了他的电话号码。

"喂，凡川？"

"嗯。"

"出来喝一杯吗？我下周结婚。高加索酒吧见？"

"嗯，一会儿见。"

高加索酒吧位于 S 市市中心偏北。从繁华闹市里拐入一条隐蔽的小街，便能看到那张紫底绿字的招牌。旁边画着一个羊头骨的图样,很像奥姬芙晚年的画作。知道这里的人不多,来的多是店主的熟客。既避免了遇见熟人的尴尬,又不会有看见陌生人的警惕。正因如此,这里才成为我最爱去的消遣场所。

推开玻璃门进去,里面正在播放 The Shadow of your Smile 这首曲子。我闻到空气里弥漫着、氤氲着酒精和忧愁的气息。他坐在吧台一角,那是我们曾经最常坐的位置。米色上衣,棕色裤子,黑色运动鞋。很普通的发型,没有抹发胶。我穿过几组木质桌椅,坐到他旁边的位置,拍了拍他的肩膀。他慢慢转过头,眼睛里没有一丝诧异。

"我到早了一点,帮你点了粉色马提尼,我还是喝金汤力。"凡川说。

"嗯。"我道。老板端着酒过来,看到我们二人坐在一起,闪过狐疑的表情;我对他点头示意。

我们静静地喝酒,相对无言。

....

道旁景物从市中心的高楼屋宇变成整整齐齐的居民区,穿过长长一片白桦树林,我看见山岳横亘在我们面前。月光下的峰峦像薄薄的油纸,或许因为雾气缭绕,近乎傩戏里的布景,纯洁得脆弱。我们好像是夜的玩物,生活在一场木偶戏里。只是偶然跳出生活的轨道,看似短暂拥抱另一种生活,其实不过是遇见另一片内景。

亲爱的阿库,篇幅有限,我只能放入我和 Maria 的部分对谈，以及《高加索的故事》的两个小片段。虽然 Maria 这次的创作经历不能代表所有的创作方式，但我们依然可以捕捉到一些方法和道理。你可以看出，在整个创作中，Maria 没有把注意力放在"我的故事是不是足够吸引人、足够有想象力"上，而是琢磨着到底是什么促使自己动笔，自己到底想要达到什么效果。很多人对"虚构"有误会，以为越玄幻、宏大得不着边际，越能够代表作者出色的想象力。其实，成熟的创作者都知道，最莫测、迷人的角落就是你自己心中那方永远无法被完全定型的小宇宙。当然不管向内还是向外走，这都是一趟冒险。因为你在写"现实世界中没发生过的事"。唯一支撑你的应该说是一股勇气。这勇气不是自恃才能出挑，而是相信所有虚构故事的核心是你心中酝酿许久但还没找到最终答案的那份真实。

即使作品不会被他人看到，所有创作者也都在冒一个风险，即承认你正在探索的事你还不是很清楚，你需要手脚并用制造人物和情节、场景，以此把故事推进到一个解答处（结尾）。冒险的实质，是寻找真实背后的真相。

最后，也许你要问：为什么在涡虫的故事里，我说正式的创作需要理性地规划与坚持，在 Maria 的故事里我却说出了相反的话（"不是所有事情都要想好才会发生的。就像虚构故事，你是随着写让它发生的。"）？那是因为，阿库，涡虫手里除了一个陌生老头子的身影一无所有（或者，她没有调动出自己熟悉且有用的信息与这个人物形象对接）；而 Maria 显然对自己想要制造的氛围、场景，对自己心里的某种感悟，在创作前就已经熟悉或者了解了。也许她需要的只是一个动笔的契机（你可以猜猜，阿留诺克写苏联少年红军战士米沙的故事,为什么并不觉得生疏吃力?)。

结束这封信前,我想你也许还需要一些实际的建议。比如,虚构一个故事,该从哪里开头?甚至,第一句话该是怎样的?

别小看这两个问题,阿库。我见过很多(尤其是浸淫在网络文学中)的写手,在开头使用 800 字介绍架空世界观和对立双方的人物。拜托!夏日里偶然路过游乐园里的"激流勇进"项目,你想从船自高处跌落的那一瞬开始,还是从船已经破开水浪然而下跌的动势还在积蓄那时进入?你该不会乐意一直盯着船静止在穿制服的工作人员的操纵杆下,然后轮流去分辨那些看上去一模一样的穿橘红救生服的陌生游客吧?既然是冒险,开端就必须溅起水花!这不是什么商业"抓马",而是叙事本身由谜题开始、带着问号推进的需要。

从有悬念意味的情节进入讲述,在随后节奏稍缓时可以穿插交代背景。有经验的作者总是这么干。不过,这也不是说,你的第一句话一定要是"'砰'的一声,血飞溅出来"。

托马斯·曼的《魔山》是一部长达 75 万字的大部头小说。它以一座山间疗养院上的日常生活映射了第一次世界大战前欧洲资产阶级的精神困境,其中包含了沉沦在黑暗中的颓靡,也有人性中不灭的希望。但这部书的开头既不晦涩也毫不说教,头三页就是年轻的主人公卡斯托普坐着车在阿尔卑斯山间起伏。他即将奔赴那座治疗肺炎的疗养院。可以说,作为开头它显得没有什么秘密,也谈不上精彩。但我认为最好的作品往往不会功利地盘算第一句话就扣住读者的咽喉,它们会有一种舒展的大将风范。卡斯托普在山间身体上的颠簸与车外景物的叠换，可以被看作对他日后在山上经受种种精神撞击的一个隐喻。

因此，阿库，当你构思一个故事，你的开头不一定非要精妙绝伦。把力气留在后面漫长的旅程中去吧。你只需要找到你认为应该带领读者站立的位置作起点。哪怕就是用一种朴素的方式开始，故事的世界也已被掀开一角。祝

早日找到你通往虚构世界的那扇（些）门！

乖乖"心静自然凉"的山精

2024 年 7 月 27 日

第五封信
人物与木偶的区别是，他们此刻就要出发去解决问题

亲爱的阿库：

你有几个"你"？

大个子 Reggy 阴差阳错上过两次创意写作课，是我的老朋友。在他最早发布在课程网站的完整作品之一《旅店，孤军之夜》里，他讲述了主人公"我"怎么在夜宿的恐怖旅店里，以原地觉醒的超能力保护了自己的父母和一帮朋友。关于这些朋友，他是这么写的："我就是能看见一些别人看不见但又真实存在的东西，比如诅咒、无生命物体的诡异的自我运动，甚至我的一些朋友……他们的外貌跟人一样，有实体，但又似乎会穿墙。在我不熬夜写作业的时候，每天夜里十二点他们都会准时出现在我的房间里，从我六岁之后的某天开始，从未迟到。他们的名字……不方便透露。还有，他们不会说话，所以名字都是我给起的。这就是为什么不方便透露。我会跟他们聊我在学校、在家里发生的事。我看到的别人看不到的东西，他们也能看到。我一直想找几个人一起玩'龙与地下城'这样的游戏，但是我的同学没人对这个感兴趣，我就在半夜和我的朋友们玩。——总之，我们的交情比任何会互相交流的朋友之间的交情都深。"随着我对 Reggy 的了解加深，我想说我不怀疑，拥有这帮神秘朋友的，正是他本人。

我和导生用户 836，曾有两次午休时在拥有冬日暖阳的西楼六层楼梯间促膝聊天的经历。她自豪地打开随身携带的一整套蓝色文件夹。里面有她从以前到现在画的图,关于宇宙里的各个星系,还有——她脑海里的 100 多个人物。用户 836 留着男孩一样乌黑利落的短发,一笑就露出戴着透明牙套的洁白牙齿。她孩子般纤细的手指在自己的一幅幅铅笔画稿上移动着,同时抬头用坚定的口吻给我讲述每个人物的特长及遭遇。她常会想象如果这些人物来到北大附中,就在我们身边,他们会怎么生存、怎么说话做事……其中有些人从名字到性格都颇为搞笑,于是我俩边说边笑出来。

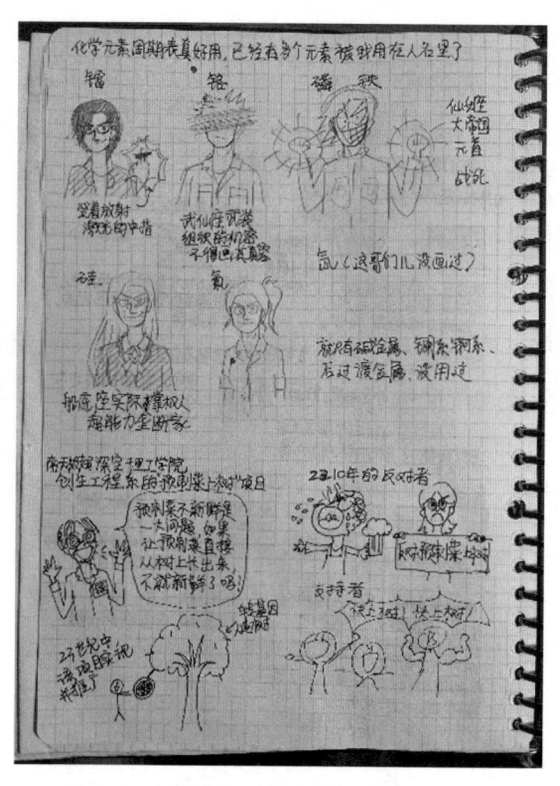

用户 836 的人物一窥

兹迷揣着她写的原创故事来上创意写作课。这篇作品的三个女主人公里，憩是一个人的主人格，副人格昧是憩最初的心理咨询师。学期末，她把这两个女性角色又植入了另一个大雨滂沱、天地倒置的世界，那里的墨西哥黑帮讲西班牙语、有隐秘错综的交易、潜藏着的敌对关系、逃离与陌生人之间的情义。憩和昧分别成了黑帮老大之女和跨越国境的雇佣兵。某天，她忽然给我发了张图片来。她用软件给自己的 OC（原创人物）憩和昧绘制了头像，还制作了"谷子"（山精注：谷子，指二次元作品的周边文创产品）。兹迷喜滋滋地说："超级便宜，这些加运费一共 20 元。"（很可惜，这里的图片没有颜色，请你想象在任意一个世界观中，憩有浅蓝色眼睛，昧有墨绿色眼睛。）

兹迷自制（另一个世界观下）憩和昧的"谷子"

7.17 赌场夜的憩与眛：

兹迷作品《野葡萄》中的憩和眛

阿库，你有过 Reggy、用户 836 和兹迷这样的快乐吗？我们是自己，又可以不只是自己。当我们在人群中感到孤立无援时，当我们被现实困在一亩三分地却渴望仗剑走天涯时，幻想中的人物就向我们招手。他们忠诚地陪伴我们，作为我们的替身，踏上齿轮缓缓转动的命运舞台。他们中间的某些人，几乎 100％酷似我们（作者本人），还有些人看上去跟我们截然不同。他们代替我们，去让我们自己性格和情感中那些深层次的属性经受挑战。从三教九流的职业到形形色色的人际关系——他们代替我们成为手刃仇人的少女、最终获得救赎的浪子，或者至死也没法放弃追逐胜利的失败者。

因为我们生而为人，所以只要开始拥有独立意志，我们就不可避免地对人性的深度、广度、复杂度，对人的意志与尊严感兴趣。人物像镜子，让我们在安全的尺度内，更透彻地洞悉人性，也就是了解自己。

以前，写人物不过是习作（draft，一次性写完，没有修改机会，相当于"草稿"）任务。可每回几乎所有人都会把这错认为是大作品（work，历经从初稿到修改、打磨，最后得到的成品）。几乎没有人吝惜为自己的人物写下分析文字……也是，写谁你就要了解谁。不爱他，你也不可能写好他。很多人在后期自由命题作品创作中途卡壳，原因就在于作者（自以为了解）但其实不够了解他们的人物。往小的方面看，你的女主角在一年四季里最喜欢什么花？你的男主角为什么每当外出旅行时，早饭后都会锁上门在房间闷一会儿再现身？往大的方面说，你的主人公为什么会婉辞体育总局局长的任命？或者，另一个人物为什么会在女友生日的前一天和盘托出自己的秘密？你是他们的创造者，这表面上让人有种"不费力调遣着他人性命"的高维生物既视感，但反过来难道不也成立——你要为他（她）的一颦一笑一举一动负责！

我见过几个发自内心热爱和捍卫自己角色的写作者。我的导生、孤独之星俱乐部曾经的活跃分子 Tisane 就是其中一个。从初一到高二，玄乙是她倾注心血最多的人物，格雷戈里乌大地是她盘桓最久的精神世界。甚至我感觉不是 Tisane 创造玄乙，而是玄乙间或从遥远的国度那边抬起头，沉默注视 Tisane 的成长。Tisane 高二时在创意写作课上终于写出了玄乙的故事《红土地，火燕子》。下面是她当时发表在"赤盐"公众号的作者阐述：

  玄乙是从初一开始陪伴我的，是我真正意义上写出的第一个角色。她是我最喜欢的 OC，甚至算是我生命中最重要的一个虚拟人物。我在初三疯狂地恋慕她，类似于追寻精神支柱，让我在压力里苟活。在那个时候给她写了4 800多字的人物介绍，在作业本和卷子的边角涂鸦了她的各种样子。

我想象着她，我仰慕着她。我去触碰她爬满老茧的手掌心，那种热量让我一直走到现在。

我不是很清楚我对她具体什么感情，肯定不是作者和孩子之间的亲情，应该不是男女之间的爱情，但也不是长辈后辈之间的关爱或者仰慕尊敬。毕竟她只是安静地生活在另外一个世界里，我们不认识，也没有机会认识。我在这个世界透过小小的孔窥视着她的生活，然后将之转述。

人们都说一个作者最喜欢的角色一定带着作者本人最浓重的影子，我和玄乙大概也是这样的关系。我不知道我们哪里像，但一定有地方很像。

我犹豫了很久，甚至有一年时间不敢动笔写她的故事，就像记述历史的史官诚惶诚恐地写下他们伟大的王，唯恐某一个字或词玷污了那位英明神武的伟人。但我闭上眼，推开云层，我降落在格雷戈里乌的红土地上。我把手插进土里，去抚摸中心大教堂的石英石栏杆。抬起头的那一瞬间，我看见燃烧得像红铁一样的盛大晚霞和逆着光被刻进风景里的玄乙。

于是我还是把她写下来，和太阳一起。虽然断断续续反复修改了三个月，但我终于把她的人生还算客观地讲述了出来。

她看到这个故事会怎么想呢？

我想大概她会笑着拍我的肩膀说，真矫情。

Tisane 绘制的玄乙和隼

玄乙是在格雷戈里乌边境荒原上自谋出路的雇佣兵头子（"她收留荒原上的难民、独自漂流的猎人、各方军队里的逃兵，在这里建立自己的势力和队伍。伴随掠地的狂风抢劫，扫荡，拼杀。"），是位非同寻常的女性。她狡黠老练，有着不动声色的情义和悲悯，怀揣在核心城不可告人的少女时期的秘密。

她承认，她身边的这些人都没有认真给自己起名字，她自己也是。名字总是和人无关，他们只通过野草一般的词汇就把自己定义。

可她还是感觉，好像能通过这一短短的词领悟到他整个人。他的经历或者行动，外表或者情感，都能通过无意义的指代词被理解。

为什么？玄乙不知道。少年的时候她心里总是充满这种无法被理解的情感，就是这些东西推着她走到现在，可是她却不知道它们是什么，自己又因为什么坐在这里。

　　玄乙被这一句话猛然刺痛了。她不知道为什么，她的理智很快从皮脂间蒸发出来，又冷凝为阴云。像一个被至亲之人欺骗的孩子，她想坐在地上号啕大哭，直到妈妈同意买给她那个玩具。那个小姑娘被击碎了。

　　她再也不敢奢求这些东西，不轻易寄托她的情感。因为她以为自己是一个给人带来厄运的孩子。她的父母，她的大哥，她的朋友。所有爱过她的、她爱着的人都会离她而去。

　　她不再相信了。她愤怒地逃离那里，躲在异地他乡。

　　——《红土地，火燕子》三个小片段

　　这篇作品主体部分分三个小节，以玄乙的视角回顾了她身边来了又走的各色人中的四个流浪青年——隼、雪鸮、怀南和楚乌。他们每个人有截然不同的际遇，个性和名字一样富有魅力；从他们身上都可以看到玄乙的影子。原来，揣着少年时伤痛的玄乙，在荒原流浪八年，只是想要找回真正的自己。玄乙是个非常有魅力的角色。她完全不是通常我们想象中娇艳如花或者纯真可人的女性。她伤痕累累，又有着强大的意志和矛盾的心理。如母豹子，隐身在灌木之后冷眼逡巡，只有她自己知道心里藏着怎样的脆弱和不堪一击。我想到她，眼前就会浮现出一幅版画，画中是夜色中蹲在篝火旁的一个剪影。得益于 Tisane 非常敏锐的视觉感知力和强大的文字掌控力，这幅画中刀劈斧凿一样的刻痕，以洗练的方式显露着玄乙身心的沧桑，也暗示着她的脆弱。

可惜的是，版画再摄人心魄，终究是静态的。这幅作品也有不足——严格地说，它还不算叙事，只是展露了人物状态。

那么，阿库，为什么作品不能只是展露状态呢？因为静态画面中不包含行动。你也许能看到一个人抉择后的疲态，或者抉择前紧张至痉挛的样子，但没法真正目睹他做出抉择的那个过程。而叙事是一门时间艺术。它就是通过一个个有逻辑关联的事件一浪推着一浪，去展示人物面对危机时的真实做法。小时候看港剧，我记得里面有句台词："一试才知龙与凤。"民间也有类似的歇后语："是骡子是马，拉出来遛遛。"就是这样。

玄乙一望便知的强大和她内心的脆弱造成了一种反差。这是她身上最迷人之处。如果要写出这种迷人，就需要让这头母豹在林中奔跑、猎食、抵御危机。要让我们看到她伤口上的血怎么喷涌出来，听到她喘息中夹杂着的怒吼——这是一息尚存者对未来永不放弃的期盼。这样的强度是玄乙的故事应该享有的。而一幅版画，无论多么漂亮，也难以完成这个任务。

Terabbithia 班的 Ealóte，也像 Tisane 一样被搅进人物的世界里。在她的人物作品《圣彼得堡之春》里，她采取了另外一种叙事策略。

起初，Ealóte 的主意是写陀思妥耶夫斯基作品中人物的同人文。她既想写《卡拉马佐夫兄弟》中的伊万·费尧多罗维奇·卡拉马佐夫，又想写《涅朵奇卡·涅茨瓦诺娃》中的涅朵奇卡·涅茨瓦诺娃。思前想后，她决定两个人一起写——让两人在自己架设的舞台上相遇！也许是这个情势所需，Ealóte 必须设计出一个戏剧性情节，以便两个原本各有轨迹的人物命运能勾连在一起。

哪怕他们的相遇是偶然的，在叙事中它也势必对两个人完成自己的使命起推波助澜的作用。于是，她让正陷于自己的精神困境、同时伴随着谵妄症症状的伊万，从圣彼得堡某座风雪中灯火通明的剧院舞台上，救下了被"继父"用小提琴弓抽打的小女孩涅朵奇卡。一个合理的动机是，二人都是（或曾经是）孤儿。随后，在交谈中，一个因在童年经历中找不到爱与道德而常年陷于孤绝境地的青年，被九岁半女孩纯真而赤诚的良善打动和召唤。推开窗，在十二月的飞雪中，我们嗅到了那令坚冰消融的希望之光。

最终改变（或趋向于改变）伊万的，是女孩的谈话。但是，伊万于众目睽睽之下在某种神经质似的状态中把女孩牵回家，是让后面对谈得以发生的重要行动。

> 似睡似醒的脚步拖着伊万走向剧场中央的舞台。他不清楚自己如何从鹰爪似的双手中夺过女孩；他不知道自己如何牵起了一只小手；人群鸦雀无声，人们为他们让出一条小路，但他并未察觉；他更无从得知自己如何恢复了知觉。女孩坐在他面前的地上，红裙仿佛由她身后的红窗幔裁出。天使们手中的火炬仍是冰冷的，壁炉里的炭灰不剩一颗火星，七十支蜡烛燃烧依旧。

在这一突发事件中，伊万的行为带有偶然性。但偶然中含有必然性，那就是年轻人终究没有被损耗殆尽的良知与怜悯之心。这一主动的抉择，昭示了他内心埋藏着的种子。他的行为，也推动了结尾双重救赎的实现。

允许人物去行动、去抉择，这种勇气来源于作者自身的冒险精神和探索意识。毕竟，对我们来说也是同样的——实践出真知。空白的稿纸就像远方的未来。区别只是，不是我们不去想，明年和成长就不会到来。如果你像 Tisane 和用户 836 他们一样，认为人物是独立的意志体，而不是我们手上捏着的牵线木偶，那你就得敢于放手。然后你会发现，他也许和握笔的你不一样，他并不那么耽于行动。当你在寻寻觅觅中发现他的灵魂，他自然会走出自己的命运。

在 Tisane 和 Ealóte 的故事之后，我想起了另一件事。近几年，我旁观学生中有这样一种趋势：他们对于人物的兴趣（跟前几年的青少年比）不减，但他们更倾向于用连篇累牍的对话和心理描写推动人物命运发展。人物不出门，就靠他们敏感而睿智的大脑跟自我交流、解决问题。阿库，你会不会感到有些熟悉？从小浸泡在电子产品制造的网络世界里，你是否依赖耳机超过回家路上长"眼睛"的杨树？大的文化环境在变化。也许再过一些年，全社会对写作这件事的定义也会变。不过，这样写完，作者真的会有"问题解决了"的如释重负吗？他会不会觉得，从分量上，这次写作还缺了些什么？你可以沉浸于你的世界，但现实生活的"山"不会因此而移去。毕竟，当莎士比亚让哈姆雷特在 to be or not to be 的经典独白里以 261 个词展示内心困境后，还是用一半分量的剧情去推动这位王子的复仇大计！知易行难。如果一个人不是真实地解决问题，只停留在自我的世界里，那么再高深幽微的哲思也带不来命运的改变。

阿库，如果你知道，不用把自己的人物死死攥在手心里，你可以深度理解他，然后抱臂在旁看着他走自己的路，你是不是会感到轻松一点？明明是我们创造了他们，但就像 Tisane 说的，我们还要告诉自己：我们只能在这边透过小孔窥探那个世界里的他们。

尊重他们的独立意志，给他们自由，也许这样我们才能从他们身上看到一些关于自己和世界的真相。祝

和你的人物相爱相杀！

山精

2024 年 7 月 27 日

第六封信
向未知的黑暗腹地挺进！

亲爱的阿库:

你喜欢看游记吗？多年前读英国传教士李文斯顿在非洲的历险（《深入非洲三万里》），我记得很清楚，书里写道：维多利亚湖对李文斯顿的行程来说，是个重要的节点。为什么？因为自那里再往前走，就是世上从来没有任何一位白人涉足过的东非腹地了。小舟顺平滑的湖水前进，两旁是莽莽丛林。但这幅风景之后，掩藏着什么样的瘟疫、蒙昧或残暴的食人部落、邪毒致命的植物，英国人李文斯顿完全没法猜测。这个节点，看得我心怦怦直跳。

阿库，你有没有从这个角度思考过：叙事，我们总可以把它理解为主人公（为主）的一趟旅程？（就像人生总被描述为我们在世界上走一遭）从基本属性来说，二者都是沿时间顺序展开的。当然，现实中你不可能先在周四飞去伦敦，然后周三从上海虹桥机场出发。而在叙事时，对虚拟时空发生之事的讲述允许纵横交错，倒叙、插叙。不过总体上，故事被讲述出来一定是在一个时间长度之内推进和达成的。它有一个时间轴上的开端，也就顺理成章（需要）在遥远的时间轴彼端拥有结尾。那么，写出开头后，你的下一个问题就是，接下来我该写什么了？或者，有些人有着更明确的诉求："我知道我的人物在结尾要抵达哪里。但是，我不知道在中间该让他面临什么样的挑战，才能实现这个转变?!"

现实中的旅行不可以颠三倒四，但允许平淡无奇。故事讲述中的情节发展可以颠三倒四，但其内在应该有着某种逻辑上的秩序（以及节拍）。同时，它不欢迎（像生活本身那样）完全杂乱无章、平淡无奇。站在这个事实基础上，阿库，你和我都明白当我读到李文斯顿游记里的坦戈尼喀湖时，为什么感受到一种内心的刺激——如果说这本书前面的故事讲述是李文斯顿作为牧师和探险家的牛刀小试，带我进入李文斯顿的探险世界和精神世界，属于叙事上的交代和铺垫，那么到这里，好戏即将真正开演！

那么，深入叙事腹地的我们，到底该写些什么？我的那些小伙伴隐约知道，他们需要制造矛盾冲突。可是，到底什么是矛盾冲突？我们又为什么一定要制造矛盾冲突？

课堂上，当我把这个问题抛给学生时，大多数人马上会回答：文似看山不喜平。当我追问：为什么不可以"平"？思考片刻，很快会有人说：如果太平板，读者看不下去。

呵，这很有道理。既然叙事跟人生一样，是一趟旅程，那么人人都知道，四岁之后会是五岁，中学毕业后会是上大学或直接走入社会。时间顺序代表了现实原本的逻辑。既然是常识，那么它就欠缺了吸引人停下来思考的价值和魅力。所以，所有时间艺术（小说、戏剧，以及音乐、舞蹈等）对作者的首要要求就是——留住观众，不要让他在收场前走掉。拽住他的注意力，让他随剧中人忘情于虚幻的情节和歌舞里，不要在座位上打瞌睡。不过，又会有人问：如果不考虑读者/观众的接收效果呢？如果，我们只是为自己而创作呢？

阿库，如果你有这方面经验，你会感觉到，即使为自己而创作，创作者也会有一种内在的、自发的对戏剧性的需求。

这是为什么呢？

你可以说：自己也是自己的读者，是最重要的读者。

那我们不妨调换视角，从第一读者，也就是作者的立场出发。如果我们把写作或者说所有的创作当作一个历险记，那么作者在叙事的开端势必并不（真正）知晓答案。对他来说，就跟对读者来说一样，利用讲述去推进自己脑海中设置的悬念，去求索一些关于生命和生活的真知灼见，也要豁开勇气、消耗力气。哪个情节更能帮助他和我们窥见所谓真相，那肯定就是最需要用力气的重头戏。如果说叙事是一种对现实生活的比喻，它的一个特点就是它似乎是作者从冗长无序的生活素材中提取出来的。毕竟，没人能全程旁观一对夫妇 65 年的婚姻生活。那么，在有限的讲述时空中，什么样的情节最容易帮我们找到答案呢？在叙事中，就跟在生活中一样，无非是那些让人物置身于危机，并且他只能用行动去化解危机（他也可能弄砸）的，对人物最有挑战性的事件。依我说，写故事不一定要有一个明显的情节高潮，不一定要表面上置人于死地；但如果你表达的目的是探索（生活的）真相，那你需要往未知地带钻，需要挑战自己的内心。而矛盾冲突的设置，只不过顺应了叙事的效率要求。

原来，矛盾冲突的设置首先不是为了吸引读者，而是叙事自身的需要。

而详略法则是基于对矛盾冲突的理解展开的：你认为什么是最关键的，你就多写。事件被展开的程度（你给予它的叙事空间），应该与它在整个故事中的重要程度成正比。有些作者故弄玄虚，在最重要的事上看似轻描淡写。不过，有经验的读者应该可以识别出来。除了字数、细节、用词以及讲述的方式，都会告诉你，这位作者实际上在意的是什么。很多学生写作者为什么总也弄不清详略？因为他们之前没有机会借写作探讨对自己来说真正重要的问题。

下面，问题来了：到底该怎么制造这种风暴眼呢？

说来也有二十年了。那时我真的还很年轻。为了寻觅心里的理想，研究生毕业两年后，我辞掉中央直属机关稳定体面的工作，报名去非洲做一名志愿者。那一年，我和伙伴曾舟车劳顿、风餐露宿，在偏远的伊斯兰小城为了直击海因那（鬣狗）捕食而甘愿用身体喂蚊子。我也曾因为不忿于身边的不正之风，与人干架，被一群男性踢倒在地，身心烙下伤痕。但更多的时候，我自因于亚的斯亚贝巴哈拉姆酒店七层一个有白床单和深棕桌面的小房间——我暂时的栖身之所，心中充满了说不出的情绪。我发现，我、我们的整个团队，根本没有机会深入本地普通人的生活，遑论一下子给当地人带来什么改变。第二年深秋，我乘坐十几个小时的飞机回国，脸贴在舷窗边长久地注视机身一侧那道地平线上绵延的白色凸起——喜马拉雅山。我好像走了很多路，经了很多事。那时的证件照，留下了我当时的样子：我走之前为了向旧单位领导宣示决心而剃掉了一头长发，长出了些许不成形的"毛茸茸"；我的眼睛却充满了忧伤。睡在父母家床上，我常常深夜从梦中惊醒。去卫生间一看，惨白的白炽灯下自己忽地起了一背的红疹子。之后，我很长时间徘徊在崩溃边缘，一蹶不振。我曾经几次动笔,数月冥思苦想,打算把我在非洲的经历写成小说。因为它们灼烧着我,搅动着我的身心。但是我怎么也写不好,怎么也写不下去。再后来,我结婚生子。在来到中学教书之前,我干脆放弃了写作这件事。

我还记得几个开头里,我很喜欢的一个:Cheelot(我们志愿者团队后来搬去住的一个皇族遗留院落)下雪了。路灯下,白色的雪粒无声无息地落在中巴和扒着门倾身招揽生意的当地小哥身上。奇怪的是,所有这一切都只有画面,没有声音;直至摇摇晃晃的破中巴在白茫茫的天地间,缓缓朝街道那边驶去。

阿库,非洲不会下雪。但埋头写作的我,心里就是自然而然地生出了这个画面。我曾尝试把现实中的黑幕——团队里的营私舞弊作为讲述的核心,不过自己感觉致力于刻画人性的丑恶部分,并不是我的目的。我也试着把我们经历的事——逛博物馆、看到朝鲜战士纪念碑、去某个湖边野游……编织成一个奇幻甚至魔性的故事。但这样容易写散掉。我还是太年轻了。自然,我后来发现自己虽然喜爱写作,但缺乏基本的训练。我不知道怎么开头怎么推进,也不懂什么技巧。没有技巧的人怎么能写出一个完美有深度的故事?我这样下结论。到中学后,在我最早的创意写作课上,我很重视给学生讲解技巧。无疑,我失败了。

我到底为什么写不出内心的惶惑、犹豫和冲突?隔了更多时间,人到中年,我才慢慢有了答案。

在故事讲述最扣人心弦的阶段,主人公最脆弱,也充满着各种可能性。你必须直面这种脆弱与可能性并存之境,才能陪伴他从危机中走出属于自己的路。从非洲刚刚回国的我固然缺乏技巧，且因为间隔时间还短，没法对短时期内发生的一系列冲击给予理性的判断；但更重要的是，年轻的我还没法做到对自己完全诚实。当我去写经历中那些（更容易被识别，甚至看似更强烈的）外部冲突，或者把自己的经历幻化成《爱丽丝漫游奇境记》，我是绕开了讲述中最艰难而一旦写出来最打动人心的部分。我的志愿者之旅，如同其他很多事一样，最大的冲突不是我和外界的冲突，而是我和自己的——内心冲突。

　　理想和现实的反差，让我在那一年里找不到自己是谁。虽然我曾勇闯国境线，也和 Cheelot 大院里扎很多辫子的小姑娘 Redit 结下了跨越年龄的友谊，但这一切在我记忆里都蒙着一层忧伤的面纱。当我不知道自己是谁、为什么出现在那里时，我的一举一动都携带了自己对自己的攻击。这可以解释，为什么我们没有做太多实事，在当时以及回来后，我却总感到疲惫和无力。

　　阿库，以此为核心的故事，现在看来才是属于我的讲述版本。我没有在当时把它写下来，让这场内心的暴风雨渐渐消融在此后漫长的日常时光里。但是，它并没有因为沉入水底而自动消失。事发当时我没有能力及时解决的核心问题，在十多年后的生活里以另一种样貌来袭击我的心——虽然这又是另外的故事——逼迫自己在面临重大挑战时，必须看清楚，主动抉择"我是谁"。

　　如果你问我什么是矛盾冲突，现在的我会说：那是让人物直面自己最脆弱的时刻。我说过，这同时也是（人物）机遇最大的时刻。直面才能带来承接和改变的可能性。有些时候，比如在我的故事里，这也是作者直面内心最深处阴影的时刻。

　　使用矛盾冲突，或许是对技巧的一种掌握。但理解它，归根结底不是技巧问题。为人物架设有分量的矛盾冲突，这种能力来源于作者自身在生活中的诚实与勇气。作家们可以偶尔词不达意、不风趣、没太大深度，但总要是些内心有几分魄力的家伙！凭空制造出几个人物，让他们经历些什么，全无"我一定要探索出什么"的勇气和执拗劲可不成。不要去写所谓别人感兴趣的矛盾冲突（比如车祸或者破产），借以回避真正的问题，除非读者也惯于逃避他们内心真正的问题。所谓的思想深度，也应该从这里得来。就像在我的教训里，刚从非洲回国时内外煎熬的我不知道：自己这一系列无法用成败衡量的行动本身，就足以支撑对一个人命运的讲述。

阿库，忘了和你说，那时我就清楚一件事：我所有的忧伤彷徨软弱背后，是流离失所中对自己用脚步丈量的那方土地的爱。

可是，如果我写不出自己的脆弱，我就写不出我心中的爱。

写到这里，也许有人会声称：他对旅行、理想和远方不感兴趣，所有对世界的真知灼见都藏在平实琐碎的日常生活里。大多数时候大多数人的生活像一小潭死水，没有太多戏剧性。这样的生活值得一写吗？或者，那些平淡的、关于平凡人的讲述，又是怎么引人入胜的？

让我们重新理解"文似看山不喜平"。这里的"平"，我们不应该表面化地把它理解为普通人的、日常的、个体的。好像每一个清晨去森林里采蘑菇，都要有喷火龙挡路才够刺激。这个"平"真正的意思是，作者在叙事中无所探索，不希冀解决任何问题。他所写的，要么是自己已经知道了的，譬如一些陈芝麻烂谷子；要么是自己根本不懂的，譬如把名人名言抄一遍。但凡一个人想要真正弄明白点什么事情，那么在他的世界里，那些看上去稀松平常的日子底下就是暗流涌动的冰面。而随着你年龄和阅历的增长，你会发现，每位普通人走过一生都不容易。看似平滑的水波之下，可能隐藏着人性复杂幽微的秘密。洞察它们，不是用眼睛，而是要用心。

看到这里，阿库，请你再回想：那些看似平淡无奇的好故事，是不是真的只有平淡？

看过几部日本导演是枝裕和的电影，山精念念不忘。也许因为有些年纪了，看完一部他的片子再回到现实，我总觉得心静下来，萦绕着说不出的感动。是枝裕和擅长讲小人物的日常，从母女协力准备一餐饭，到中年人利用休息日去父母家，在小区里尴尬地遇上半生不熟的邻居。场景是居民楼里局促的单元房，以及人潮汹涌的都市。情节上婆婆妈妈、细枝末节。人物常是身边你记不住姓名和面孔的那类家伙。可是，他的电影没有一分钟让我想打瞌睡，而且看完后，后劲十足。

《比海更深》里那位落魄潦倒的前小说家良多，每个月只有一次机会，从前妻那边接到儿子共度一天。这天他带着儿子买了彩票，随后乘车去看望孩子的奶奶、自己孀居的母亲，结果因为台风来袭，他和儿子、赶来接儿子的前妻、老母亲，在老式公寓里过了一夜。117分钟的电影，不过讲了这些。前一个小时，还净是些拉拉杂杂的琐事：良多如何迫于生计做那种受人之托跟踪偷拍的"私人侦探"，他迫切需要钱给儿子买鞋却拒绝了创作漫画书的邀请，他好不容易靠敲诈当事人发了一笔小小横财就在赌博中输干净了。这个失败者的日常,又有什么值得一看的呢?可如果我们回头,再次跳进每场戏,就会赞叹导演(也是编剧)对小事的把控和精准刻画。这一系列的日常必定不是散漫的罗列,而是严格挑选后的看似随意。每件小事背后都是对良多这个男人境况(从过往,到此刻,再到揣摩他即将面临的挑战、采取的行动)的折射,包含了大量信息。随着这些小事的叠加,我们越来越深入地感知到良多在现实生活漩涡里的疲惫、无力,渴求抓住点什么但又习惯性自暴自弃。由这时开始,我们隐隐期待着什么、担忧着什么,但我们不能把手伸到屏幕里。旁观者爱莫能助。于是,在寻常轨道上运行的列车一旦得到微小的机会脱轨,就像台风之夜良多和前妻陪儿子钻进楼下失修的八爪鱼滑梯管道找彩票,前面一直压着的叙事能量就有了机会释放。

这释放也未必是摧枯拉朽的那种。毕竟第二天雨过天晴,三个人告别老母亲返回市中心,没有发生任何戏剧性转折,或者说奇迹。但原本就在平静水面之下的暗流,如暴雨中蜷缩在管道内的齐心协力、睡觉前和妈妈的几句交谈,已经让我们获得不一样的启示。而且,因为贴近真实,这希望的种子格外让人感到踏实有力。

阿库,你有没有发现,对于编剧和导演来说,良多的故事有可能比李文斯顿的探险记更难展现。人们往往以为惊涛骇浪中才会磨砺出英雄,殊不知在看似精致高效的现代社会,涌动的旋涡和潜流也可以悄无声息地置人于死地。而且,你有没有发现,山精魂牵梦萦的非洲漂泊和是枝裕和虚构的筱田良多生活一角,有着异曲同工之妙!它们有着相似的主题,那是迷失的现代人的心声:"谁能告诉我,我是谁?我要往哪儿去?"

最后,阿库,我想为矛盾冲突的分析再提供另一种可能性。的确有些作品就是致力于书写日常本身。它们强调的是水面上下不分。不过,你无须犯嘀咕:这是别样的世界观,可不算别样的叙事观。你看,一个表里如一的世界,本身不就背离了每一个成年人的认知吗?祝

不着急书写矛盾,除非你的确打算直面内心的困惑!

对写出 Cheelot 故事仍有期待的山精

2024 年 7 月 29 日

第七封信
主题是你心中燃起的精神之火

阿库：

见信好！

大暑过后，不分晨昏的蒸烤到了顶点。大雨几次爽约，我们对它的期盼变得模糊不清。时间似乎失去了弹性。我们已经不再仔细查看气象台关于"明显降雨"的官方预报。我的状态，大概可以表述为"我管不了那么多，至少咬牙（或者至少爽一把）把当下过下去"。在这种有些仓皇狼狈的境地里，我想起了我一开始教课时，班里学生 Alex 那句直接把初为人师的我一下子怼回去的"中二"名言："老师我回答不了……天太热了，我无法思考。"

的确，如果今天不在状态、明天手头事多，很多时候我们总可以搪塞自己：各种掣肘让我没法好好思考。我也是从这样混沌的青少年时代过来的。到人生的中途我终于明白：这会儿不思考、那会儿不思考，难道等到千钧一发的决断时刻，你可以咯吱咯吱一秒启动精妙绝伦的思考？！

这就涉及了今天的话题。我们都知道，主题体现了一个人在写作中思想的深度、广度。原本我以为，只有生于 1970 年后、知识分子家庭的我心中才有这根刺——在作文和诸如此类的事情里不可避免地和他人比较，渴望以言谈中的深度镇住旁人，又在比自己更有深度的人面前自惭形秽……直到间或有"00 后"的学生追着我问："老师，怎么让我的作品更有深度？"我恍然：对思想深度的渴求，是人类的天性之一。

十七八岁的人，渴望拥有成熟、睿智的思想，深沉而睥睨天下。这十分正常。然而独独主题这件事，是写作课教不了的。它的诞生和成长都发生在学校围墙外的真实生活中。那么，能否把上面的提问置换为"在生活中怎么提升自己的思想深度"以及"在写作中，怎么尽量把自己最深层的思考展现出来"？

由此，我们可能先要聊聊，主题是什么。

这一点大家应该都赞同——主题是作品中无形的、核心的精神力。我们看见情节在推进、人物在行动，其实是其背后的思想和情感调遣我们的眼泪和大笑、困惑和思辨。主题，是藏在作品最深处的精神的火。在上封信里，山精没写出来的 Cheelot 故事里，最令那个"我"心神颤动的点是什么？后来的我想清楚了，是"我"被困在没法真正帮到当地人的志愿者身份里，同时发现自己无法不去爱"我"经历的内外交困的日子，以及"我"走过的大地。"我"能否凭借对生活的爱走出内心困境呢？现实中我失败了。所以我不清楚如何下笔。不仅因为我没法以一个好的结局为讲述收尾，更因为我根本没法直面也没法讲清楚这复杂的经历和感触。

这不是一个有形的文本案例。但是阿库，通过简单的分析你我应该可以发现：如果只是为了记录过往，这个任务对我来说不应该那么艰巨。我写，恰恰因为我想要探寻一生中独一无二的经历给我带来的到底是什么。而我所探寻到的（如果我可以做到把它诉诸文字），那种苦痛交织中的爱，就是这个未出生的故事的主题。

阿库，写作不是寻常旅程。有价值的写作必定是一场探索之旅。表面上看，旅程的终点在于讲述最后一笔——故事的结局。然而，我们所能抵达的最深处却是这一场精神探索的尽头，我们找到某个答案、真相的时刻。这就是作品的主题。

主题没法由外人给予，无论格言警句还是老师钦命都帮不了你。主题是在作者一双手开疆辟土的创作过程中，真实生长出来的。写作，是意义生成之旅。

Satellite 在想变成小猫咪（咦！这个作者名给你什么感受？）的回忆录《我与理性与情感与爱与我》中，把从小到大的成长分成六个回合，探讨自己如何在"理智为主"和"情感为主"间摇摆不定。

Round 1，幼儿园时期的"我"被其他小朋友孤立，因为和另一个落单的小朋友 F 一起在三叶草丛中翻找四叶草，"我"萌生了和她一样的人生愿景——长大做个科学家。这一轮理性胜利。Round 2，"我不惜一切代价想要变得受人欢迎，我学着说最好听的话，不遗余力地展现自己多么无私无害，我最喜欢的东西都可以因为你的一个眼神而主动送给你，只要你愿意夸我一句我可以做任何事。我想要爱，我对爱的渴求从此时开始发生"。情感胜利。Round 3，"到了初中我成为班里最受欢迎的女生""情感以压倒性优势胜"。Round 4，平局。Round 5，理性再胜。Round 6，"重归平局"。

把自己的某些经历粗略划分为"理性主导"或"情感主导"，这或许有些武断。然而，如果你和我一样读完全文，目睹一个小孩成长过程中的拧巴、冲突，也许你会有和我相似的感受，心疼又感动。理智与情感两个标签后面，作者真正想讲的是一个从小被孤立也体会过在人群中受欢迎的小孩，怎么找寻爱、怎么确认自己是谁。她的题目那么长，而关键词就藏在里面。

如果你想学习如何探索和把握主题，回忆录是种很好的文体。任何一个普通人讲出自己的故事，都是为了寻找"我是谁？"这个问题背后的真相。在讲述的开始，Satellite想变成小猫咪，也许就是没法明确自己是谁。毕竟她经历了那么多迷茫，也多次主动或被动努力改变自己的处事方式和立场。但是一个个回合推挡下来，我们目睹了她艰难地成长。在结尾，她依然给不出一个明确结论或者新的标签。但她显然更加确信着什么，内心更有力量。

　　没有Round 7了——它还没结束。不过目前理性占着绝对上风。

　　我后来写出了温柔的、"爱"的故事。是啊，我也是有爱的，只不过每个人爱的东西不一样。为了"爱"的不同、为了获得不同的"爱"，去勉强自己向他人靠拢，真没必要。与此同时，一旦写出了爱的故事，则能证明我有此能力，从此我再也不必为此责备、折磨自己了。理性与情感、与爱，或许不是完全对立的。

　　我想要变得强大。我在坚持跑步，这是为了身体的强大。我学习各种知识，很多来自课外我感兴趣的领域，这是为了思维的强大。我时时反思自己、修正道路，找出更合适的攀升之路，这是为了心灵的强大。我要变强……要用我的力量光明正大地得到赖以为生的爱。

阿库，写作回忆录好像把部分人生重走一趟。人也许只有回头看时，才能站在既往经历上，领悟一些事情的价值和意义。这种对价值和意义的探索，深化了我们的讲述。只是记录那些我们已经搞明白的事，意义不大。要想获得有深度的讲述，我们必须带着探索之心出发。

也因此，你大概明白了十多年前的山精为什么写不出 Cheelot 故事——直面内心的困惑和渴求，与写出有力量的矛盾冲突，是硬币的一体两面。你也应该能明白为什么 Tisane 珍爱着玄乙，反复描摹她的既往，却终归没有触及玄乙的灵魂之痛。思想背后，是敢于探索的诚意。

现在，咱们可以回到开始时关于主题深度的话题。阿库，当你搞清楚了主题是写作者自己内心燃起的精神之火，你也会和我一样（不得不）承认，思想的独特和深广程度没法装也没法硬贴。那么，怎么提升自己的深度呢？长辈总是说"读万卷书，行万里路"。这千真万确。我再补充一点，就是对自己在意的事，多追问"为什么""又怎样"，养成强大的思考力不是一日之功，但我们至少可以支持自己多经历思考的过程。一言以蔽之，哪怕迷茫和困惑，也不要轻易理所当然。

今年春天雾北来到班上时，在人群中抿着嘴不说话，眼睛亮晶晶的。不过，创作第一篇大作品时，她就在走廊里迟疑地追上我，沉默了半天然后抬头告诉我，她不行。她不知道写什么，也不知道怎么写。我猜她一定遇到了什么属于她的困境。这么拉锯了半个多月，她用私信的形式交来了一篇"小豆腐块"。

第一次感觉到疼，是在很小的时候。那时候好奇身体里面是什么，于是想要剪开看看。很硬，剪不动。好像有什么东西在指尖，那种感觉就像是把手指上原本排列得很整齐的线抓住然后拧成一团。不过我记得并没有本能地排斥，只是呆呆地看着一小块红色慢慢扩大。不知道这是什么，有点兴奋又有点害怕。

记忆断开了。空白以后，所有对疼的感受就都是不好的、难受的了，或大或小。

好像从学会说话或者更早起，就开始接收到外面的各种信号，而且，所有有接收到的信号构成现在的一个人，以及一切想法和感受。所以才有了对疼的害怕。有时候往回看，看到对世界的感知还很模糊的时候，对外界没有任何了解和概念的时候。它是那样不真实和短暂，苍白得没有任何色彩。那时候的我永远不会思考现在的我的样子，亦如我永远无法理解那时候。

....

有一个夜晚的瞬间，刮着风，风吹动了落叶和败草，吹动了一盏盏路灯画出的一段段明亮的区域，吹动了我的深色影子。我感觉很疼，因为我感觉到我的存在，所以我开始思考，我开始奔跑，然后狠狠地撞到一堵向上无限高、向下无限深、向左无限远、向右无限远的墙上。而此刻我感觉疼，我又掉入论证的又一个怪圈。

....

我既然在世界上存在，就无法避免思考这些问题。但是，但是，大概永远不会有也永远无法得到一个明朗的答案。而且……这不是我能力的过错。我所能做的只是作为一个人生活，日复一日，感受我所能感受的一切，包括疼。

这是雾北记不清自己的梦，迫于交作业的压力转而写作关于疼痛的话题。我看到这些文字，忽然想起来她在私信里说："老师，我感觉我的世界观不是很稳定，所以……想的和写出来的都会很混乱。"原来，雾北身上发生了最难能可贵的事情。她在切实地用写作去找寻属于自己的声音。

随后，雾北在叙事作品里写了一个叫 11 的人寻找世界尽头，却发现回到母腹的故事。她还在回忆录里写了自己对数学的爱：

有一天，知道了"哥德尔不完备定理"。他说："一个试图知道全体的部分，不能跳出自我指称的限制。"这是说，（基于算数基础的）数学中有不能证明的真理。我感到被撞了一下，心里忽然空荡荡的。看一点陈旧的书，抬起头。也许数学是有灵魂的。也许我永远只能生活在自己生活的世界。

结课总结时，她说："好像一学期都没有写出很完整的作品。连成长袋都没有写过。建了分区迟迟没有打卡，而且几乎没有互评过。刚刚开始上课时，害怕把自己忽然暴露在人群的空气里。每次有游戏的时候心跳都忽然加速。感觉不能写也写不好。有一段时间上课的时候几乎一直在盯着闪烁的光标发呆。觉得就这样吧，反正就挂科了。好像别人可以去做，但是我不能去做。想去模仿，然后想到很虚假。去写。感觉就像把心脏剖开，让怪异的血流出来干结在网站上。慢慢好一点。有老师和同学的支持。写的时候不会那么急了。可以全然地想，想然后写下来。说不出来自己最喜欢哪一篇。优点和缺点大概都会有，但是有时候不想去想。我就是这样的。"

我也知道，雾北没有写很多。写出来的部分，她自己也不是很满意。但是那里几乎每一个字都很好辨认，所有讲述的欲望、对身边事物的理解，都来自雾北自己。

我珍惜着。不同于十七八岁的自己，做教师的我不想要所有学生都"有深邃的思想"（我终于长大了一些）。因为如果不是尊重和允许每个人发出独属于自己的声音，我在课程里的存在就毫无意义。

即使在蒸笼里，也要好好思考！阿库，重要的不是对生活得出一个伟大的结论，而是捍卫自己思考的权利。

山精

2024 年 7 月 30 日

第八封信
在重聚路留下生命的印记

阿库:

见信好!

雨终于来了。希望你那边也平安、凉爽。

假如你所在的地方也下雨了,假如雨住了而你正巧在道边走着,这时你抬头瞥见了一颗水珠。就是垂挂在密压压的松枝底部,将将要滴落的那么一颗水珠。你会想什么?你会想象它折射出的琉璃光影是一个有小小人攀爬的变形世界吗?会反观自己的驻足,历数自小学三年级以来自己有多久不再为一滴雨止住脚步吗?会想到光线入射角与反射角之间的关系吗?阿库,在生活中,有的人天马行空,也有的人密切关注现实本身(当然,还有人不为所动,径直从水珠旁边走过去)。对事物的兴趣点和思考方式的差异,反映出人类这个物种思维方式的多元性。

我记得读研究生时学到过,在电影最初诞生那年(1895年),法国人路易斯·卢米埃尔用胶片做了不同的尝试。其中《工厂大门》记录了巴黎的一间工厂下班时分,男女工人走出厂门的寻常情景。《水浇园丁》由演员参与表演,小男孩搞恶作剧、捉弄园丁的情节有点喜剧片的意思。这两个小片子时长都不过1分钟左右。学者们认为,从中已经可以看出纪录片和剧情片最初的分野。也就是说,以电影这个诞生较晚的艺术门类为例,我们知道人们利用艺术媒介传递思想和旨趣时,自然而然会有"虚构"与"非虚构"的不同选择。

以纪录片、特稿、传记为代表的非虚构作品，素材**就是我们生活中的真人真事**。而虚构作品的素材来自想象，想象是由我们在现实中的所见所感在脑海中加工而成的。所以，两者的首要区别在于创作素材的不同。无论哪一个，都可以辅助我们探索价值、意义与真相。不过，较之虚构作品，非虚构作品因为素材的真实性以及作者对现实的关注，格外有一种朴素的冲击力。

2023 年初春，情海空城首次来到我的课上时，正巧我开了创意写作-非虚构班。从那时到今年 7 月，他写了几十篇非虚构作品。

其中一类回忆录是围绕他的特殊爱好——"运转"（交通爱好者术语，指将搭乘交通工具本身作为一种出行目的的出行）。在第一篇相关作品《重聚路是我的梦》里，他讲了最早开始公共电汽车"运转"时（2019 年 9 月），令自己魂萦梦系的一条路——重聚路。

2020 年 6 月 21 日，情海空城用手机拍下的北京公交 545 路重聚路站

我没有到过石景山区的重聚路。它既不在学校附近也不在我家附近。从照片看，这条路就是城市里常见的那种道路——比较整洁、有间隔规律的路灯与行道树，团团绿荫掩映着高楼。在城市里，这种街道彼此牵连，串起地图上成千上万个机构与社区；也会有那么几路公交车在这里设站。我不是交通迷，文中提及的各种地名、公交车线路及编号，在我眼中几乎没有差别。情海空城的讲述又格外注重完整性和细节。虽然翔实，对我来说却弯弯绕绕。可是，读着读着，这种朴素絮叨的长句子，就戳中了我的心。我看出他写的是道路，又不只是道路。

那几年让我活下去的信念，总是能让我在火车站忍耐数小时后终于在不洁的窗中看见那些"少年时"的住宅楼，伴着特点显著的快速路以及具有时代感的路口。我知道这意味着我正处于抵达或离开北京的过程中。

....

地铁1号线八宝山站出口外看到的，是一个写着"重聚路"的大指向标牌。我一下被触动得走不动路，重聚路在我想去吴庄的时候出现了，呜呜，这是否意味着什么？我应该是下了很大的决心，才开始走起来，坐上了开往吴庄公交场站的545路公交车。白绿色的小车无端地很安慰我，当重聚路站的站名出现在走字屏上时，我还是拍下了照片，重聚路是一条看起来很祥和的两车道道路呢。似乎是到了尽头，下一站就是吴庄公交场站，右转掉头再右转，到站了我下车，身旁的路牌仍是重聚路。吴庄公交场站竟然就在重聚路上啊，因复学失败而失去九月见到吴同学希望的我一下子感动得落下了眼泪，却没有自己穿越鲁谷大街到重聚路西段走一走的勇气，怕因遇见运通113路车而冲动。天快黑了，我还是乘坐545路，随着九米长的绿白公交车调头，数次画出十字花，再透过车窗看一看重聚路西段的平凡的幸福，有小屯路等地的"少年时"建筑们的陪伴，我更安心地回到八宝山，进入有人造光的地下铁道系统中了。

....

在重聚路站为545路车的站牌留下了照片，我抱住了饱经风霜的立杆，就算是以前与石景山并无什么联系的人，心情也有些沉重，有人被这个即将完成历史使命的、有很多伤痕的站牌见证过他的"重聚"吗？我还可以拥抱站牌。

半年后，他写了《我永远致力于追杀我——自由在天津》和《新新人类》。原来，情海空城对运转不是一般地热爱。广州、厦门、天津、伊春……高中以来他有数十次周末出京的经历。

交错在运转题材作品之间，仿佛平行时空，情海空城又写了另几部回忆录。那些作品讲述的是友情。

《"初恋"》回忆了作者三年级时对他产生重大影响的女孩子。

（不是原话，原始场景是不是这样的我也记不清了，但是经过数年的沉淀后，留下的是这样的仿佛很真切的回忆。）

我：我可以继续和你一起玩吗？

你：（微笑地看着我）可以呀，我愿意和你一起玩。

我：我有很多问题，这几天你也看到了，就像我很不卫生，就像我跷二郎腿。

你：都没关系的，我相信你，和我在一起的话，你一定会变得好起来的。

半年后的《三四春秋》叙事更加成熟，视野更加开阔，回忆了童年至今让他念念不忘的另外两个女孩（"我有两位好朋友，我已经六年多没有与她们说过话了，她们可能已经忘了我。但直到今天，我每次想起她们，都会感到痛楚。"）。

那时六年级的我就很感谢三年级的女生愿意用非常多珍贵的课余时间陪伴我，我更记得她们会主动将心中很珍贵的宝物赠予我，例如精巧漂亮的折纸，用心细致的铅笔画，还有大叶黄杨相对娇嫩的叶片。我第一次收到这叶片后，并不知道为什么会赠予我叶片，在两次游戏玩耍的间隙询问起大家，除了两位女生退出了下一次的游戏愿意给我解释，别的女生的神情仿佛在说我明知故问。那两位女生带我来到主教学楼旁的绿化带，那里有大叶黄杨。她们说这叶片是由她们从这植物上亲手摘下的，目的是放入口中品尝。她们一边说着，一边在植物顶端抚摸和挑选，摘下了几枚叶片。两位女生开始咀嚼起嫩叶，也递给我一枚。我没有什么思想障碍就将嫩叶放入口中咀嚼了。但我不适应大叶黄杨叶片厚重和苦涩的味道，没有进一步品味而是吐出了它。她们对此似乎不太在意，向我露出了微笑，发出了等到未来赠予我更嫩的叶片品尝的邀请。

....

那少数几位仍愿意与我联系的三年级女生和我在天黑后

的广场上有过数十个夜晚的游玩，我与她们愈来愈亲近了。在众多供成年人使用的体育设施中，湛溪带领着我和潮溪爬上爬下，每一天都非常欢乐，我没有设想过这样的日子会在哪一天结束，模糊地希望着永恒的幸福。某次我们倚着旗杆休息，湛溪问起我升学的计划，那时我才意识到我有可能搬离彼时居住的大院，被父母带到课外班的对口校附近租住。我按照父母的期望，不甘心高中在区重点就读，追求高中考入"六小强"，于是我告诉了她们我被计划的升学路径。湛溪露出了遗憾的神色，她说她父母一直说期望她进入"十一龙樾"（一所市重点分校），而等到我高一的时候她才初一，"十一龙樾"不设高中部，但她读高一的时候，我就大一了。湛溪很失落，觉得她与我再也没有机会在同一所学校了。我也感到遗憾，却又意识到我大四的时候她会读大一，有这样微小的希望能够在同一校园内重逢。那时湛溪被归为"后进生"，而我终于挤入了"先进"的行列，大概她在对学业的不自信中，没有认可我讲出的这种可能。湛溪只是钻入了我的怀中，我也紧紧地抱着她。

在两类话题的交织讲述中，热衷于运转的情海空城和始终在人际关系外徘徊的情海空城渐渐合二为一。他从小"月月请父母周周犯错误天天被批评几乎被全班孤立"，在小学四年级之前已经"经历了很多荒唐而失败的人际关系的探索"。他牢记着与可数的几位友人平等玩耍的那些时刻，以此鼓励自己扛住大部分校园时光中的现实压力。虽然他一次次借助运转放飞自我，可我们能看出他其实难以卸掉内心的包袱。同时，在条件十分有限的自由之旅中，他反刍着每段友情带来的温暖，重新鼓起前进的勇气。我猜，在课程伊始，这位少年并没有意识也没法做到预设每一次写作。可叠加的回溯、追忆和重构中，他在主动积蓄活下去的力量。

渐渐地，读情海空城提交的大作品，成了我那个学期的大事。我独自开创与维系一门课程的艰辛，在阅读的眼泪中化为久违的柔情。在几十年的阅读生涯里，我涉猎过各种非虚构作品，其中不乏题材宏大、结构繁复的交响曲。情海空城只是平凡时代的一个普通少年，他的文字却深深触动了我的心。我在童年没有相似的际遇，但作为相似语境中走过来的人，我感同身受。它们唤回了我对自己最初想要当老师的那种强烈意愿的记忆。我又一次感到：任何一个人，想要在这世界上用自己的力量活下去，是多么不易。"这几位女生大多来自三年级四班，可能就是从那时开始，'三四'这个数字组合会对我产生触动。直到今日，包含'三四'的数字组合闯入我的生活时，我的心都会有微小的疼痛。"类似这样的细节，印进了我的心。

发表在"赤盐"公众号上的《"初恋"》一夜之间获得800多人次的阅读量。而《三四春秋》在同学之间引起了争议。当它跻身于2024年的故事奇点杯写作大赛时，有的评委表示不好评价，有的评委明确表示了反对。作为老师，也同为女性，我不是不能理解为什么有的同学很敏感于这篇的题材和讲述方式。但我依然坚持。因为我有一年时间聆听情海空城的作品，我和他本人越来越熟悉，我相信他做事和写作的初心。最终，《三四春秋》以2票赞成、2票弃权、1票反对，获得这届写作大赛评审团特别奖。

就在刚刚过去的期末，情海空城已经 19 岁零 2 个月，他和家人多方努力，获得许可在升入高三前再次休学。这顺应了他自己想要休整的心意。差不多同时，在极其偶然的情况下，他获得了一纸医院的诊断证明：他之所以从小就有些与众不同，是因为某些先天的神经方面的原因。记得那天下午从微信上获知这个消息，我马上回想起在研学的大巴车上他告诉我不知为什么自己感受不到饮料中的甜味，想起他的文章总是极其注重细节、善于用书面语……把这些联系到一起，我居然目睹了他亲手解开关乎自己生命的重大谜题。我也更加理解，尽管也许没有人倾听，但说出自己的故事，对他来说是件多么重要且有意义的事。

在办理休学手续的档口，情海空城明知得到的分数会随着休学记录作废，依然提交了他在课程里的最后一个大作品《歧路，范崎路》。"就算我不被评定为坚强，不能以'欢迎回来'这样的心态面对走过的歧路，我也不愿被'过错'战胜。我有追公共电汽车的本领，数年里追公共电汽车可能是我跑得最快的时候。跑得快是因为有明确可见的、我很有可能实现的目标在我面前紧迫地要求着我，错过某趟想追的公共电汽车，我可能需要等待数分钟，在这种事情上我不愿将自己认定为失败者。"乘坐 H13 路沿范崎路崎岖的山道颠簸前行，我感到情海空城愈加深沉。写下这些文字的他和屏幕前阅读的我，在这一两年里，在彼此的空间里都在成长。

在我们的课上，每次被要求写虚构内容，情海空城都会推三阻四。我和他的讨价还价往往以他又一篇非虚构习作的诞生收尾。但在非虚构领域，他无疑是幸运的。也许有人认为他的幸运在于某种特殊性——他天然地拥有别人没有的写作素材。不过，我倒认为这个因果逻辑是相反的。也许很多人没有休学或先天特殊的身体情况，但毋庸置疑每个人在人群中都有他的独特之处。不管在别人眼里多么不起眼，每个人都有他的故事，有他需要处理的人生命题。就情海空城来说，他拥有敏锐的观察力、出色的记忆力；虽然他不擅长处理人际关系，但或许他从小到大遇到的很多老师同学没有发现——他有很好的思考能力。就像长途旅行中转乘不同的公交工具所必需的那样，他清晰地知道自己写作时的目标，也知道怎样可以抵达那里。阿库，可以说没有人不拥有非虚构写作的素材，情海空城和其他人的区别只是他对自己走过的路如鲠在喉，并且以探索的心态将之反刍、发酵，写了下来。

我的几千名学生，每一个都是独一无二的。劳若希用第三人称讲述了自己如何从学校管乐团里的滥竽充数的人成长为中坚力量，让自己的命运和管乐团的兴衰交织在一起。爱写小说的芥铁则虚构出一盘"人生录影带"，借一个女孩缩在被子里独自观看多年前的家庭影像，复盘这个倔强的小孩与记忆中虎妈的关系。还有CATTT，她的回忆录像积攒下来的一摞小纸条。纸条上是她最在乎的一份友情——"主人与猫"从小到大的点滴记录。（随后，她又把这份回忆录发给"主人"，"主人"补充记录，添加在了猫的回忆后面。）也许只有像他们一样直视自己曾经的困境和欢乐，反复追问它们存在的价值，我们的"独一无二"才能浮出水面。

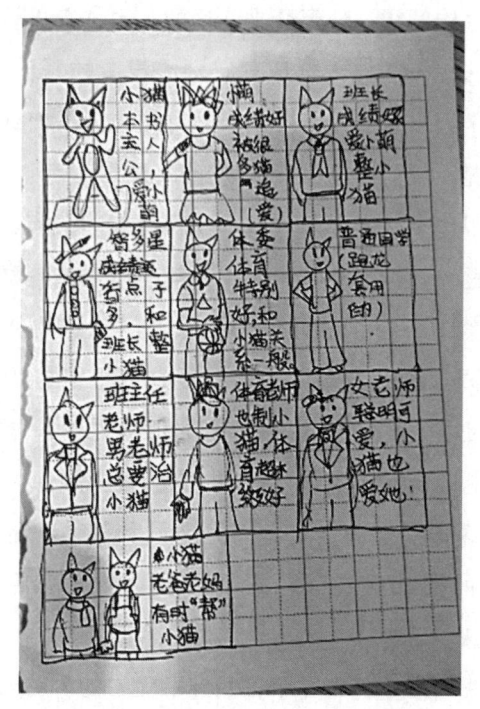

"主人"现在还收藏着小学时她、CATT 和其他成员创作的《小猫倒大霉》

写非虚构作品,有着与虚构创作相似的路径。你也需要聚焦于人物身上的矛盾冲突,需要处理情节的起承转合,抓住鲜活的细节。但是回忆录较少套路,就像上面这些写作者一样,你需要找到自己讲述的口吻、编织碎片的方式,才能更好地把握主题。

同时,它的艰难之处不仅在于技巧和态度。我的学生就被打德和石应语写作回忆录,都是拖了很长时间才交。我记得在某个周一凌晨 1 点 16 分把作品提交到网站时,就被打德说:"写得有些痛苦,倒不是因为文章情节推进的困难。相反,正是即将发生的情节让我感到痛苦,因为这篇文章改编自真实故事……我无法去评判推断乃至安排一个人的结局，我只能尽力去呈现当时发生的故事……"就被打德写的是校园霸凌与女孩们的友情。石应语写的是被父母掩藏了六年的离婚与随后重组家庭中的种种。就算你有诚意和清醒的认知，重走一遍荆棘路，这也对日趋成熟的心智构成挑战。

在社会生活中，越来越多平凡的人借助非虚构作品讲述自己的故事。人们也可以借助这种写作形式把触角探入广阔的现实。我的学生悠不圆曾在特稿《泥湾儿邦的六个人》中探讨"丧文化"。我们口述史课的学生曾采访预科部（高三）师生，揭开备考生活的神秘面纱。保不准哪天，阿库，你也会用非虚构的方式写一写你在急诊室的工作经历、在异域的旅行，或者对遥远故土的回忆。我们用来写作的那支笔本来就不是特权，而是用来帮助不那么轻易表达的人吐露自己的声音的。

希望哪天能听到你的生命故事。

山精
2024 年 7 月 31 日

第九封信
修改与涂抹，是持续的意义追寻

亲爱的阿库：

见信好！

说到"修改"，你脑海里会冒出什么？涂改带的白色长方条痕迹？还是大笔一挥画过错题的红色圆珠笔道？如果把"修改"跟"错误"联系在一起，就难怪大家提到修改，往往一脸咬牙切齿的表情。有多少人心目中的创作，是灵感来了一蹴而就？"修改"听起来跟"创造"无关。它要么是为了勘正错词、病句，把无意间或者水平不足导致的错误从页面上抹去；要么是为了好上加好，为了完美。无论哪种，修改似乎都不那么重要和有趣，简直是苦力。如果我告诉你，美国短篇小说家雷蒙德·卡佛说他的短篇小说《大教堂》也就改了二十几遍，你一定倒吸一口气——他真有毅力！

阿库，不知从什么时候起，也许因为我和年轻的伙伴们做着创造性的写作、创造性的教学，我逐渐发现：修改也应当是创造性的。它不无聊，而是痛并快乐着（和创作一样？或许更痛，也更快乐）。中文中"修改"这个词不够准确。这个阶段，就应该是创作正儿八经的一部分。

前几封信咱们说到写作是一个意义生成的过程。现实中，这个过程很难一蹴而就。请想象人的心灵世界，它混沌无边。想要写出点什么来的人，在其中有如提灯前行。从具象的画面、感受出发，抵达一点抽象的思考。这个过程需要我们的理性和感性协同作用，需要探索的意识和勇气。写法方面，驾驭各色人物、复杂时空，需要一定的掌控力。在这个过程中，我们难免不时停下来，重新思考、校正方向。最后落在纸上的文本，看上去是故事唯一的发展可能和讲述方式。实际上你可以想象这一路上很多印迹叠加交错，你要做很多选择，在行动中试错。从广义上说，创作总是伴随着涂涂抹抹。想要由已知推导出未知的境遇和结局，以别人可以理解的方式生成一点你对世界的真知灼见，不容易。

由此你可以体会，对作者来说创作这件事里最珍贵的部分就是体会过程本身。

你也可以和我一起，抬手推翻两个常见误区。

其一，很多人以为写作是"想好了，再下笔写出来"。但是在真实的写作中这几乎不可能做到。我们那些复杂的情感体验和深度的思考，必须经由讲述、思辨才能抵达。构思的时候，你可以自称目前的情节推进是唯一可能性，可能忽然间泄气，感觉情节怎么发展都可以。只有当文字落于纸面，就像戏曲演员在舞台上第一声念白传递到观众的耳朵里，或棋子"啪"的一声落于棋盘，你才会忽然发现你的决定就是上帝之手，你会更加郑重地盘算和推演。另外，想好再写，写作本身还有什么乐趣？一个被把控着的行为，只是机械记录而不允许也不需要意外和失误，又有什么吸引力？难怪，我之前有个学生，花了不少精力在脑海里上演一场内心小剧场。到了期末，她告诉我，她已经在心里完成了这个戏。她不想再把它写下来了。对她来说，最精彩的事情已经发生过了。

这里涉及另一个问题，就是动笔前需不需要写提纲。以目前的情形看，我认为很多时候提纲束缚了思维的创造性活动。它让作者以为后面的创作只是依照大纲按部就班进行。他们不愿也不敢脱离大纲行事。但写提纲时创作还没开始，你怎么能保证凭空架构的一条路可以一走到底？有些人认为不写提纲，人的思维就锻炼不出来。我认为，恰恰是从混沌中摸索本身最磨炼人的思维能力。不过，如果写作者还不具备边写边摸索的意识和方法，他的确不能一点准备没有就上阵。提纲是否落实于纸面、格式是否规范，都不那么重要。重要的是，创作前和创作中，写作者要随时自问自答，以理性去辅佐和引导自己的感觉，将之注入一系列自圆其说的讲述里。

我们将要推翻的第二个误区，我希望它能像惊雷一样唤醒一些人。因为，总有些人执着于所谓的完美。完美，在所有鲜活的事物和行动里，就是个伪命题。如果你认同作品不是流水线上产出的工业制品，你就要接受——我们最在意的事物里，是没有完美的。

很多人修补的理由是"不够完美"。我猜这是因为他把对创作行为和作品的评价权交给外界。你想，如果艺术作品有一个既定的评价标准，那创作就要去达到这个标准。但如果创作是场自发的探索，我们就可以敞开心扉，前方一望无际。

修改可以一直继续下去。但我希望它的目的是让自己表达得更精确到位。

说起来，修改是一个重新审视、深化创作的机会。如果你孤身奋战，或者说不管他人怎么指点，最终你还是需要自己上手缝缝补补，一个好用的修改方法就是做头脑风暴。

* * * * * * * * * *

在开放式的（自）问（自）答里，你可以不断追问"为什么""怎么样"，以理性推动想象继续深入，辅助最初版本里的构思，让它们更精准到位。这是个很有意思的过程，仿佛提灯夜行的人终于站在了旅行终点的那个房间里。你理解了你的人物吗？也许还不够。目前的情节是最恰当的了吗？也许，还不是。你有很多工作可以做。不断校正目标，缩短距离，而且**只有你**才能做这样的事。这让人感觉刺激。

但是，希望你不要使错了劲，把精力耗在对作为创作者的自己的质疑里。"说过你不行，为什么还要自以为是？""谁会愿意读这样的作品？"这样的想法也许难免自己跳出来。这时你需要深吸气，把注意力重新放回创作里。

修改不一定全部是理性的。你需要冷静宽容地对待自己，然后，有时你可以凭着感觉找答案。也许某个地方让你不舒服但又觉得不该删掉，或者某个地方让你觉得单薄不过一时不知道添加什么……基于这些感觉，你就可以展开揣摩和分析。据说"没有跌倒过的不是人，没有跌倒而爬起来过的不是真正的人"。在创作上学会反刍，也是朝着心智成熟的写作者方向发展。当你不再停留于自怨自艾，或者坐等他人夸奖你是个天才，你就把写作的主动权把握在了自己手里。

修改也不一定能解决所有问题。每次创作都有每次的缘分，每部作品都有它的命运。有些一时兴起的写作，无论怎么努力也难以为继。也有些对现阶段的自己来说过于重大的话题，或许还没有等到被开启的时机。没有谁说一直修改就能一直"更好"下去。我上班通勤的地铁通道里贴着一句老话——"尽人事，听天命"，无论什么时候都有启示意义。

　　Ubik 今年高三毕业，拿到了爱荷华大学创意写作专业的 offer。在等待毕业证书和机票的两个月里，或许作为一种阶段性的思想沉淀，他写出了《深埋》。这个作品在初稿完成后，做了三次大的修改。

　　初稿名为《死》。讲的是打工者小林漂泊在黄河以北的城市，工作是为果树修剪根部瘤子。因为父亲的一场老病，他不得不赶回老家去。人人知道老病没得治，但父亲也不会一下子离去。作为独子的小林踟蹰于父亲的病床前，忧心未来。

　　在犹豫中，一周很快就过去了。白天，他坐在父亲的病房里，为未来而担忧。他父亲有时会醒来，大多数时候则不会，令他怀疑这种陪伴的意义。晚上，林就回到老房子里，躺在父亲曾躺过的床上。老房间里冷得像冰窖，一种属于长久无人居住房间的、灰尘的朽烂气味压在他身上，仿佛房梁已经腐烂，带着坍塌的房顶压了下来。林就这样躺在废墟中，继续为未来苦恼。

　　苦恼着，农场那边打来了电话。冬天要结束了，总监只愿再给他批一周的事假："到了年纪，每个人的父母都会得老病，这是没办法的。"他这么说道。那么，过完这一周，便要开始扣绩效了。要回去继续上工吗？若是留在老家，是辞职还是等辞退？或许他可以争取一下，让农场保留自己的岗位？也只是争取一下罢了。

　　终于，日历为他做了选择。在第二周的星期天，林坐上了去石家庄的火车。那是个雾天，窗外是空白电视屏幕的颜色。

小半年后，父亲在医院离世。小林赶回老家，在锣鼓喧天的葬礼上被浓烟呛出了眼泪。

看起来，Ubik 想用看似清冷客观的笔调，写出人生某种沉重的东西。不过我感觉这条叙事线有些过于顺了。蛰伏在阴影里的平淡之敌是单调、信息量不足。收集各方面反馈后，一个月后 Ubik 又出了二稿。这一稿不再从小林得知父亲生病开始讲述，而是从一个戏剧性事件——小林挖出深埋在老家后院的酒——切入。叙述中部，小林给因为没钱只能从医院回家的父亲倒上一小碗酒，并兑上早已准备好的百草枯。可是，病床前僵持了一夜，父亲仍舍不得动这酒。次日早晨，小林奋力把酒泼到下水道。

> 他用力地擦着，用布，用丝瓜络，最后用手。他把手套脱了，用两只手干搓着那只小瓷碗，直到碗褪了一层"皮"，上面一滴水也没有了。这时他才拎着碗冲进后院，把它狠狠地摔在地上，然后举起那把生锈的大铁锹，拍了一下又一下，把那只碗拍得粉碎，最后深深埋了起来。

Ubik 在微信里跟我说："我想表达的是某种无奈的状态。小林的根本矛盾是他必须承担照顾父亲的责任，但他不想，于是最终发展为杀死父亲的尝试。"显然，两稿之间他核心的想法和大部分情节没有变。不过，二稿的一小碗毒酒让主人公内心的矛盾戏剧性地外显出来。我说："小林面临的挑战，是在犹豫不决中两害相权取其轻。这份犹豫写出来了，权衡的过程也就写出来了。可是我还是理解不了小林。我不明白为什么这两头会成为他需要权衡的事。"于是，Ubik 回复："或许我应该描写一下，承担这份责任使他失去了/放弃了什么。"

很快,第三稿来了。我感觉这一稿忽然令人惊艳起来,因为它在叙事中途突兀地加入了年轻时父亲的一场戏。

> 那是在母亲去世三十年前,父亲即将前往遥远的轴承厂报到。在家的这段日子里,他修好了屋顶和篱笆,为吱吱作响的木门上了油,还预先给了隔壁邻居一些钱,让他帮忙照看刚刚怀孕的妻子。做完这一切后,他走进院子,用新买的大铁锹挖开泥土,把装满糯米的瓷缸埋了下去。那是个炎热的七月下午,他停下来擦了擦汗,松散的红土堆在一旁,就像很多年后那样。

这部分内容依然没有直接点明,为什么而立之年的小林在父亲病榻前并不心甘情愿。虽然,它暗示我们在小林从小到大成长过程中父亲的缺席,以及父亲和没有办法承担照护之责的儿子一样,都是内心有着某种缺陷的普通人。不过,从阅读感受上说,新增的部分给我远比"给情节提供逻辑支持"更重要的启示——父亲作为血脉链的上一环,作为故事中另一个独立的人,让小林的命运不再是孤立的个案。我感觉小林背后确实有千千万万面目模糊的身影,如此卑微又不甘地生存。

对了,从这一稿起,故事更名为《深埋》。

Ubik继续问我的意见——它够贴近真实吗?结尾怎么样?同时,这一稿在周围的小伙伴之间激起各种声音。又过了一个月,他拿出了第四稿。

第三稿虽然较之前两稿有了实质性进步,但我关于小林的提问并没有结束。随着什么东西浮出水面,我感觉这似乎不是关于父子关系的故事,而是关于小林这个人物的命运的故事。那么,如果以小林的内心转变为叙事动力,我感觉这个人物还有些不清晰。父亲的老病显然只是一个引子,迫使小林去直面一直以来他没法面对的一些事。而他到底是个什么样的人?他到底为什么面对不了那些事情?

在第四稿里,让人意外也不意外,Ubik 加入了小林童年和工作中的两段情节。

> 林把被子蒙在头上,尽量不去想明天的事。兄弟俩来了农场后,他们仨老乡一直互相帮衬着,那会儿大勇每天都吹口琴,现在已听不到了。他翻过身,突然听见一阵悠扬的口琴声,一张脸从上铺的床板里长了出来。他吓坏了,瞪大眼睛拼命想要看清。那张脸越长越立体,最后连玳瑁眼镜粗粗的镜框也长出来了,他这才看出,那是工头的脸,嘴里还叼着个扁扁的家伙。耳边的口琴声越来越响,他猛地坐起来,头撞到了上铺的床板,身上冷汗直冒。口琴声停了,那张脸也不见踪影,只有嘴里那东西掉了下来,落到他手上。他大口喘着粗气,手上死死攥着那玩意。过了好一会儿,仿佛是为了确认自己真的醒了,他张开手,看见一只泛黄的塑料口琴,突然明白过来,吹口琴的正是工头。

这回,没人能再说完全不了解小林的日常和底细了。可是,添加的两段内容让叙事失去了三稿那种含混中"更多人的人生"的味道,变得更具体实在。难道有了这两段,小林的内心就讲清楚了？小伙伴们没有一个人能明确说出好或者不好。甚至，大家分成几派。有的认为三稿最精彩，有的认为到二稿就可以打住。Ubik 没有表态。这时他拿到了毕业证，也踏上了去大学的征程。《深埋》暂时以四稿这个状态，发布在我们的网站上。

《深埋》的一稿看似很明确地在讲父子关系，一个儿子如何面对远在老家的父亲病倒带来的负担和变化。但是，它只是完成了表面上的讲述，没有挖掘出深处的冲突。当 Ubik 像拿着铁锹刨酒坛子的小林一样，持续探索自己的讲述意图，我们发现他并不是要讲中国打工人如何赡养老龄父母的社会问题，甚至不是在讲亲情，而是代入另一个和自己不那么一样的人的命运，借之探讨大城市"00 后"Ubik 关于自我存在价值的问题。改到四稿，Ubik 和我们也没有找到一个明确答案。但我们旁观了他如何在纸面上"养育"故事。好在，他比他的人物要主动而有力量得多。

最后，阿库，或许你会问：大多数人只有在考场上才面对最严肃的写作。而考场作文必须一蹴而就，无法修改，怎么办？我觉得你可以反过来想。修改带来的启示不一定在实际行动上，它也带来了一种对创作的理解。当你明白写作不仅是意义生成也是持续探索，当你一次次在考场之外的修补中给自己空间让思考和行动延续，那么到了考场上，从短时间头脑风暴到完成一个允许边写边做微调的写作，你可以。祝

安！

山精
2024 年 8 月 1 日

第十封信
让马跑起来!

阿库：

见信好！

还是热。昨天早晨打拳时我一抬眼，迎面是久违的扯长的云条，蓝天如洗。吹面风习习，是秋天才有的干爽气息。没多久，团团蒸腾的云又从西边升起。夏季还没过去。

这句话你熟悉不——"我文笔不好"。在课程里，它往往出现在初稿下面的留言区。我理解，学生们担心自己没有写清楚某个人物，或者没有把自己的构思和设计传递到位。然后他们会怎么说？我听到过很多次——"我不知道怎么再加强描写了"或者"我再多描写描写"。

其实，连外貌带心理，那个人物他已经"描写"了八百字……阿库，这不是"描写"的问题。

在你心目中，故事是什么？如果它是匹马，我说，你得让它跑起来。当马卧伏泥地，尾鬃闲散地拂动蚊蝇，无论你怎么用精当的词句去描绘它神经质转动着的双耳、热烘烘的浑圆肚腹、如玻璃珠那样在某个点反光的双眼……这都不是故事。你会说："什么事都没发生嘛！"对了，这里不包含情节。它是对状态的描述。状态可以在行动中被捕捉。就像从流动的影像中抓取一帧画面。但是，当状态被抓住时，那一瞬间它肯定是静态的，只能给人感性印象但不能诠释事物发展的内在逻辑。

写作是表达我们内心的工具。而文字，是这个工具中看得见的一堆零件。表面上，你通过调遣字词句组成文章。但实际上，这是个意义生成的过程。文字背后，是涌动的思想和情感，是想象中的世界和活生生的人物。我们如何从看得见的文字抵达看不见的思想和情感？这取决于我们怎么以表达的欲望去驱动文字，把它们有机结合到一起。这种有机结合的本事，需要我们时刻洞悉自己的思想和意志，也需要我们理解叙事机制，以及将此二者结合。这是写作中最难的部分。文字本身不能代表意义。那么，为什么太多的人会把写作这件事片面理解为文字功夫、修辞功夫，而非思辨功夫、领悟功夫？为什么有那么多人误以为故事是很多个"状态描述"的叠加？我的经验教训和认知是，从识字起，很多老师会强调对字词（尤其，随着年级升高，学生会学习更多书面语）的掌握。随即，这升级为对修辞功夫的重视。似乎会用修辞，代表着一种语文能力。而这种倾向有可能让老师忽视了学生对思想的表达，也就是思考力的提升。

阿库，在表达想法和掌握词汇之间，哪一个更难？你自然知道是前者。前面也说了，活生生的人、变幻莫测的思绪，想要以有限（不光数量有限，词语一旦生成，其含义也多少被限定在一个范围里）的、抽象的语汇表达清楚，对作家来说也不是容易的事。而词汇虽然数量庞大，毕竟是人类创造出来的、供我们使用的工具。因此，在语文学习里有避重就轻的风气，以个人所掌握的词汇（和有限的使用词汇的能力）作为评判一个人语文水平的依据。默写词汇和用红笔标出好词佳句，比理解不同人的真实想法容易。这像不像买椟还珠？它带来的风险是，把词汇作为一种评价项目，从我们的生活中孤立出来。其中简单而毒害性最大的做法就是，考查谁用的修辞手法最多，谁会使用繁复、华丽、佶屈聱牙的词汇。

从婴孩时期人类就能够用表情和肢体语言表情达意。当2~3岁能够口头讲述时，我们用有限的名词为每天新认识的事物命名——"猫！""球球！"随着年龄增长，我们用名词＋动词的组合表达我们的基本意志。"宽宽爱妈妈！""我不吃西红柿。我要吃冰激凌。""我不去姥姥家！"随后，我们可以掌握和驾驭更多的形容词和副词，描绘我们自身和事物具体细微的状态，让表达更复杂、更有分寸。"我喜欢静静地划船。""葡萄像一串串酸甜的梦。"这样看来，名词和动词构建起我们表达和讲述时最基本、最坚实的骨架。同时，形容词、副词的使用是辅助性的，对行动的动机、过程、效果给予状态性描绘。它们就像毛细血管和皮囊。也许正因为对它们的精微掌握代表了写作者观察的敏锐和深入，这是一种思想成熟的标志，同时代表了对知识的机械学习的能力。中外传统教学中，很多老师格外偏爱让孩子们在形容词上做文章。

当以形容词为代表的修辞描写功夫（展示静态），盖过以动词为代表的叙事需求（推动情节发展），文章有可能显得表面化，不解决任何问题。要知道，如果我们从写作者本位去考虑，展示词汇量不可能是表达的目的。如果以此为目的（写作），有可能怎么讲也讲不明白事情。因为写作者的心思不在事态的发展上，而在词汇上。被孤立使用的词汇是死的。用死词怎么能写好活动的事物？如果就此担心写不清楚，再三添加词汇，只能起反效果——作者没有机会得到发展的思想，被淹没在了无生机的词汇里。

我们来看下面这篇小伙伴的习作片段。

时光渺渺，斗转星移。

天边最后一抹夜色褪去，天光穿透云层，投在茫茫大地上。

远处的漫天霞光映红了魅山上的终年积雪，残阳如雪，万丈霞光跃然穿透云层，照耀苍生。

那双眸似雪域明珠般魅惑而摄人魂魄，让人不能直视。浑身上下散发的寒意可以令旁人的每一个毛孔都紧闭。她的美不添一丝明艳，不添一丝生机，不添一丝娇美，只能用一个"寒"字形容。寒似月色朦胧，寒似漫天飞雪，寒似天池冰霜。

黎行远从这边山巅俯瞰，一切尽收眼底。他不敢相信自己的眼睛，木然无语。只疑身在惊涛骇浪间，随着战况起落，忽而被抛上云霄，忽而跌至谷底，早就看到了那抹素色倩影，奈何一时趋近不得。"黎修闻！毒杀我兄长，篡夺我父亲皇权，如今让我亲手血偿！"说罢我拔刀出鞘。那刀下之人，再无昔日的邪魅威风，眼里映出过往种种冤孽，随即成为灰烬。

我周身浴血沐光，整个人凛然散发无尽杀意，人如冷刃，冷刃如人，哪曾想正要从背后刺入黎修闻的魔岩刀却被一股剑气震开。

只见我堪堪将刀回转，划破对方带着隐忍的剑招，绕过他的手腕，疾如闪电般环住他的脖颈，直取他那双如星子般熠熠的眼眸。对方将头向后方轻轻一仰，竟化解了我凶狠的攻击。你来我往厮杀一处，不知不觉已数个时辰，而他们四周则已经是游魂的海洋了。

他一边化解我的进攻一边窥探恩师的动作，忽见黎修闻从斜刺里绕了过来："灵儿！留……"我还未及回头，身体被一双大手猛地揽到另一侧，耳边还回荡着这再熟悉不过的疾呼，却听到剑穿筋入骨之声。

"玄儿！"黎修闻发现手中的剑正刺入徒儿的胸口，已是抽手不及。

耳边尽是金石相碰之声，看着鲜血喷洒到雪原上，积雪贪婪地吸吮着那鲜红的液体，如此妖艳，如此瑰丽。

残阳不愿看到这人间修罗场，遁形于山后。火光照亮了他安静的容颜。

我看到魅山的风雪从斗篷上落下，浇灌了一院梅花，没入他胸口的剑冰冷如水，涌出的血流到雪地上，汇成一树残梅。

这是要参商永隔了吗？我嘴角颤抖，违心地想要扯出笑容。然而泪水涔涔然无声落下。为何是我？为何在此时此地？为何用尽一生心力避世于边塞之地，最后的期盼却与我凄凄遥望，咫尺天涯？

"为什么要骗我！为什么要杀我父兄使我沦为孤儿！既然心中已经有人，为什么……还要对我这么好！"当啷一声！手中刀脱力。"我恨你！"

剑无心雪无意，引多少恩仇付水流。

这篇习作的作者一定不会承认，他没有用心用力。然而，有几个人在交战？谁刺伤了谁？仅仅这个节选片段内部几个情节的逻辑关系，作者就没写清楚。交战三方各自的动机，也语焉不详。但是，这篇习作提交上来后，获得班里不少人称赞。大家都说作者文笔太厉害了。

为什么没有写清楚事情的文笔也会被夸赞？因为一个场景里使用了十个左右的比喻、排比、拟人。因为高级的书面语（如"人间修罗场""参商永隔"）。这些语文功夫需要长时间积累。一经使用，就像文章里处处燃起了焰火。在理清逻辑、用情节打动人心之前，这些词汇已经让读者目不暇接。

自然，这篇习作从情节、人物到词汇，有着浓浓的网文气息。所以它所使用的词汇虽然有着"腔调感"，意象却显得套路化，反而拉开了人物和读者的距离。但是能披上这样一袭华美的大氅，在课堂里本身有着比较之心的同学看来，有着让人眼花缭乱的魅力。就像《皇帝的新衣》，不知有几个人真的敢站出来说："我没看懂。"

能够赢得称赞的作品，有时就是这样，其实是作者让人产生了自愧不如的心理，而非故事本身深入人心。作者的写作体验我们不知道，如果单纯说阅读体验，相信不少读者和我一样，读得云山雾罩、颇为辛苦，不过收获并不是很大。

王璇在我的学生里，是那种仿佛天生就特别会讲故事的人。她曾经在写完大作品后留言说："我以前没怎么讲过故事。因为文字华丽被语文老师夸，于是就追求文字华丽，写得也不怎么舒服，所以就没有什么心情写文章。同龄人写小说的时候我也不太想写，因为没有那么舒服。来这里想转变一下，于是一开始尝试就想着自己不能太在意文字外表这些东西，事实证明不太在意这些事的确能让我变得开心和舒服。"其实，哪怕是那些不那么会讲故事的人，也有太多太多表达了跟王璇一样的心声。因为追求文字华丽，限制的是自己。我的学生，在写作回忆录时对此体会最深。也许因为在魔幻的故事里，即使你炫耀几下文笔和辞藻，也不那么妨碍叙事的推进。但要想写出自己心里最诚实的那个声音，你一旦上手就能发现，穿凿附会的词语和拗口的写法，只能像绊马索一样，让原本就隐藏着的主题更加离你远去。写回忆录，在写作训练中是为了帮助学生学习怎样寻找和把握主题。回忆录可以不十分有深度，但不能没有自己的声音和腔调。从平凡的人身上、平凡的事情中发掘生活真相，本就是卸掉皮囊的过程。

今天要上第二层泥子了。

"毕竟这墙好像裂得还不小。"我爸说。我又理所当然地受邀来观摩了。"第二层、第三层都是起巩固作用的，第一层的打底最为重要。当然很重要的是要把泥子粉用完，不然干掉就浪费了。"他碎碎念着，"刚刚又查了一下，要大概以三十度角向前平推，这样才平……"然后他开始讲起墙体的构造，什么保温层啊钢筋龙骨啊，有点无聊，但我还是听了，也许以后会用得上呢。今天还是很热，他没有穿上衣。我说："你真的像个砌墙工，谁能想到大学毕业的人最终归宿是在家里'发愤涂墙'呢？"他乐了，然后说："这可比书本知识的实用性强多了。"

我盯着他,我问他:"你真的不打算重启你的公司了吗?"

电扇轰隆隆地响,咔嗒咔嗒的声波在白色的墙壁上弹来弹去。可是好安静,桌子、碗、血、人声,十年前的今天在这里发生的一切我都记得,只是此刻它们如同泡沫般的幻想向着远处弥散。

那天他的表情很隐忍,我想他尽了所有的努力去稳定他的声音。他说他所做的一切都是为了我能相对安全地长大,能够不留下阴影。他说妈妈是爱他的,就像妈妈爱我一样。我们为了自己爱的人与爱我们的人活着,如果我跟妈妈活得痛苦,那么事业、金钱,毫无意义。

我想逃避,我拒绝承认这个让我痛苦的人实际上是爱我的,我拒绝承担过去、此刻乃至未来的来自这份灰暗破碎的爱的责任。那么多明显的迹象,我唯独咀嚼着反刍着使自己感到尖锐痛苦的部分。就像陷入黑暗深渊的,却看不见那同样要被吸入深渊的站在边缘的我的妈妈。也许我至今没能爱上自己,也没能爱上别人。那么我便为他人的爱而活,至少不要让我成为我最讨厌的样子。所以我说,我们来修复这堵墙吧,用沾了灰的爱补上它破裂的缝隙和糜烂的墙皮,磨平它斑驳的表面。就算其中包裹的那块心破破烂烂。

这个低头抹灰的男人转过了身子看着我,"当然打算,"他笑着,"我只是在等你,等你完成学业再自己创业。你是很厉害的,你做老板,我来打下手,这样不就重启了吗?"

阳光泼洒在他的身上模糊了脸颊的轮廓，影子拉得长长的，贴在墙上，包裹着灰乎乎的涂了泥子的破口。

就像他一直以来的信誓旦旦的、自豪的、亮晶晶的表情，如此光鲜的表面。在我未曾知晓的时空里，它到底开裂过怎样的伤口？他又用了多少时间、多少眼泪、多少次笨拙的涂抹、多少次歇斯底里的打磨，才一点一点将其抚平？

我想我不会去问的。

所以我笑了，我说："好啊。"

就算心破破烂烂。房子，墙，我们，还是要一直生活下去。像你一直做的、告诉我的那样，师傅。

真夜中的回忆录《房子、墙、裂缝与刮刀》，内容是父女俩蹲在地上，给80平方米老旧小屋受潮的卫生间补墙皮。在这个过程中，女儿从多年来致力于对艰难的家庭生活修修补补的老爸身上汲取能量，尝试和生活和解、走向未来。这里面也有排比，不过我们完全可以感受到，较之上一篇作品，这篇朴素很多。就像还没上泥子的墙坯一样，文中修饰的词并不多。而"逃避""拒绝""承担""爱"这些内心状态变化，呼应了"裂""平推""上泥子""包裹"——生活给予凡人的锤炼以及凡人的回馈。最终，它们汇合于"修复""抚平"。虽然因为母亲患病，自孩子有记忆起家里就满地的血、满墙的污渍，师傅用来接工作电话的座机很久没响过。但是，有双手、有爱，生活仍在继续。

认为生活在未来与远方的人，喜爱用形容词强化自己的幻想，以此展示自己对爱与痛的领悟。而已经在生活之河中跋涉并且有些经验教训的人，则会发现现实远比想象复杂。每一点汗水和泪水换来的领悟，几乎都是五味杂陈的，没法一言以蔽之。同时，他没法只是沉浸于感受。他写作，因为他要解决问题。所以，戒绝浮华辞藻是一回事，学会使用动词是另一回事，后者是比前者难得多的挑战。而真夜中在一家人反复地涂涂抹抹中，宣誓接过曾为高才生的父亲手里的刮刀。

最后提一下修辞。

诗人是公认会使用修辞的人。而真正会用修辞，一定表现为精准表达那些用其他方式无论如何都表达不清的感情。写出"早晨，迟钝的阳光照着/有风/一千名天使/打篮球"的中原中也，以及写出"白饭在冒气，快熟了。鲜嫩的豌豆/炒洋葱。麻油/大蒜烧虾。以及我自己的寂寞/我，一个年轻人，还能要什么"的李立扬，一定同意这个观点。祝

找到你的动词，策马扬鞭！

山精

2024 年 8 月 2 日

第十一封信
赴一场烤乳猪之旅的技巧

阿库：

见信好！

暑热好像没有尽头那样绵延……另一边，今夏比地图上的高温预警更红得发紫的紫色在巴黎奥运会。津津乐道高手过招的动作难度系数、慨叹有失水准的小失误，让作为普通观众的我和家人也感受到了局中人的刺激。前几天，体操男子全能赛的冠亚军之争在最后一个项目单杠比赛中进入白热化。张博恒的动作难度系数是 6.5，冈慎之助的是 5.9。解说告诉观众，前者的难度系数高，力求最后一搏；而后者主动降低难度系数，应该是在最后的项目上求稳。最终，张博恒扛住了巨大的压力，高难度动作没有出现明显失误。可是，冈慎之助落地奇稳，致使张博恒依然屈居亚军……阿库，观赏竞技体育有很大一部分乐趣在于技术。略知技术，让人感觉不是看热闹，而是看门道。不光体育，打《王者荣耀》、大画幅摄影、做蛋炒饭都如此。技术背后是一个事物之所以是它而不是别的什么的核心特质。越是看上去复杂的事物，懂得它运行的机理后，越会让人感到自己拥有着掌控力。

难怪，课程进行到一定阶段，总有小伙伴跑来找我："老师，能不能给我们讲些技巧？"（"技巧"和"技术"所指不完全一样。这里在大的话题下姑且不做细分）言下之意：我们不能一味自由发挥吧？我需要一些干货。我猜，这代表了大多数困惑又渴望写好的人的心声。亲爱的阿库，你也记得第六封信里，我在自己写不出远赴非洲的故事后，是怎样摩拳擦掌要给学生带去技巧的吧？可是，后来教学上的教训让我知道：我没有办法为了技巧而教授技巧。因为，一个真正的写作者，没法为了技巧而学习技巧。

在每学期的课程中，我最怵的就是给学生讲解叙事结构图。明明恨不得每句话背后都有最核心的东西，但学生那边——尤其是下午——恨不能半个班昏睡过去。正因为技巧是从无数的具体解决方案中抽象提炼出来的，所以通过单纯的逻辑思辨并不容易领悟它。如果之前自己没有在实践中碰过壁、琢磨过这些事，那么任何方法都不会在一个人脑子里发出"哔叮"的亮灯声音。而且，还有小伙伴站出来"挑衅"——我们一定要沿着规则去写吗？不是明明有些作品，看起来并不如此吗？如果真的有一个程式，它会不会束缚我们自由发挥？

亲爱的阿库，不知道你心里是不是有类似的问题。显然，大家都知道技巧很重要，但机械性地学习技巧又不行。那么在创造性的表达里，我们到底该怎么看待和掌握技巧？

我翻出了我的第一批学生之一李淳毅的一篇短文。

> 她现在有很严重的抑郁症。她常常会对自己的孩子生气。她也并不很关心自己的父母，回家看老人常常是被丈夫拉去的。但她很优秀，学习很好，做人也很好，是自己孩子的楷模。
>
> 她出生在江苏，父母都在部队工作。她刚三个月大时，就被父亲带到新疆奎屯。但并不是她的父亲带着她长大，而是母亲的一位同学、随军的护士带她过日子。这位护士还带

了另外三个孩子。护士对孩子们都很爱护,这使得主人公对护士很感激。

她说这位护士是她在童年时印象最深的人,总是对她很好。不幸的是这位护士在八十年代就去世了。她常常觉得愧疚,因为她再也不能报答这位护士的养育之恩。在最后离开这位护士后,她们就再也没有联系过,只是在那以后的某一天,人们把这个消息告诉她罢了。

1976年她的太婆去世了,于是她从此离开了她的第一位养母,又来到苏北,在大院里面生活。

但这样的日子只有一年,接着她就来到北京,由外公带她。那是一段蛮快乐的日子,因为外公是一个很有礼貌并很有才学的人,并且周围也都是不张扬的文化人。这段时间,让她懂得什么是礼貌。

快乐总会有个头。两年之后,她被带到沂蒙老区,又有了一位养母。但这位养母就没有那么好了。这位养母已经有了几个亲生的孩子,所以对她并不好。她每天只有红薯吃,而吃不到别的什么菜。她生过很多病,此外还受过别的虐待。

1981年回到苏州,1984年回到父母身边。

"我对那位护士抱有感激之情,现在也常常会回忆起她,想起她的样子和她善良的品质。她影响了我很多很多。"

"我并不诅咒另外那位养母,反而很理解她,只是那会儿很想离开她。不过,她教会我换位思考。此外也感激她,因为她迫使我学会处处做到最好,否则就会很惨。"

"希望拥有一个稳定的生活。"

"对来来去去的那么多地方，没有特别留恋的。因为这些地方只是暂时的居所，现在看来是一种漂泊不定的痛苦。"

"外公不如第一位养母重要，因为养育的恩情是更大的。"

"我对我的父母和兄弟姐妹没有特别深的感情。"

我的母亲停止了回忆，略带苦涩地笑了笑。

当时我第一次当写作老师，完全不知道怎么教学生，只有7个学生。李淳毅就是其中之一。那时的他来去匆匆，紧抿的唇和敏感的眼神泄露他的倔强和内向。他极少和我以及其他人交流。不要说我能给学生什么，我都没有办法让他按时交作业。有一天，他忽然交了这么一篇作品，标点不很规范，有个别错字。但是一读之下，它让人没法不被吸引。在前五分之三的内容里，我们都不知道作者在讲谁的故事。一个"她"字指代不知何处的某个经历波折的人。这时我们还不能马上反应过来，开篇提到的"严重的抑郁症"跟童年辗转寄居在不同人家的屋檐下有什么对应关系。忽然间，讲述跳到第一人称。而且不是补充前述的事实性经历，而是直接一猛子扎进这个人内心深处的情感里。看似疏离的第三人称讲述衔接赤裸裸的独白，给人巨大的冲击力。读了这个人（第一人称依然是冷静陈述自己的情感）的希望、留恋和感激，我们一下子便对前面罗列的童年多次被"转手"的经历有了直观体验。是的，那一定烙下了什么伤痕在"她"心上，虽说也许在后面的很多年间并不显露……紧跟着，讲述再次跳切到另外一个"我"，不加引号的我，也就是讲述者本人身上。我们惊觉：努力用客观的眼光看待这位女性的伤痛的，不是别人，正是她至亲的人——她的儿子。

　　作为对妈妈大半生的一个浓缩版回忆，这篇作品才八百余字，极洗练。但是，我读完心里好像有个黑洞，让我坠入其中。达成这样的效果，视角的灵活使用可谓立了头功。那学期我没有在课上教授过什么技巧，能给学生的鼓励也有限。当然，这个效果一定离不开李淳毅个人的修养。不过，我感受到，这种突兀、生硬的视角切换，来自一种一直压抑着不能发出声音的生命状态。那学期李淳毅总共就交了3~4篇作业，都相当地简明。我猜当他决定写这个题材时，这个日日和母亲的伤痛做伴的大男孩，没有其他办法将心里的种种困惑、伤害、辛酸、委屈、怜惜和爱用更和缓从容的方式托出，只能使用这种看上去最简单的办法。的确，这个法子很有杀伤力！

　　在叙事中，视角这个术语指的是"谁在讲述"——是谁站在什么位置，出于什么动机，发出讲述的声音，陈述对所发生之事的理解。我发现，写作虚构故事时，身边的青少年大都喜欢用第三人称上帝视角。也许因为这样的讲述方式和口吻让他们更有一种掌控和驾驭复杂事物的感觉。我也会在回忆录写作中引导他们通过选择视角去把控想要传递的信息、寻找自己的立场。但是，有些时候，我会发现学生有意无意地切换视角，从而流露出他们自己内心的需要。与其说坐在课堂里的李淳毅习得了视角这一技巧，不如说他迫于讲述需要，自己寻寻觅觅找到了所需的视角。因为如果不那么做，他就无法恰如其分地传递自己对妈妈的人生的感受和思考。退后一步，无论李淳毅还是其他人，从第一人称那种主观的、贴身的感觉到第二人称"对话"的感觉、第三人称尽量制造"客观"效果的感觉,他们选择的视角,都能折射出他们怎么看待事物、如何思考。

说个有意思的小例子。上学期嘶溜的人物作品《池塘笔记》,讲的是县城小护士胡小凡被两个看上去疯疯癫癫的邻居租客女孩"拐带",鼓起勇气跳脱庸常生活的轨迹。这个故事主体是用第三人称讲述的,不过在其中两个小地方,忽然跳出了第一人称。让我来摘出一处:

> 胡小凡没有刻意去注意这两个女孩平日里都干些什么,只是回家的时候偶尔能看见两个人醉醺醺地瘫在沙发上放着歌。大概是一个月前吧,她路过肿瘤科的时候看到两个人手里拿着CT片,到现在胡小凡才知道是姐姐脑子里长了个什么瘤。偷偷看别人确实很不好,就像偷了她们的"中南海"一样。但不得不说,当看到她们摘下假发疲惫地奔走在医院里的时候,很难把她们与那两个整天花天酒地的人联系起来。
>
> 她们拉着胡小凡试穿白衬衫套碎花连衣裙,告诉她戴上珍珠项链会更好看。**我们**在发霉的大床上拉亮钨丝灯,她们和**我**一起没日没夜地跳舞,翻阅那些地摊读物。总是有水雾蒙在**我**的眼波上,让**我**回忆的话,**我**只能说那美得不像话。**我**把在学校门口文具店买的宝石贴画分给她们,她们就和**我**一样将之贴在眼角和脸颊。胡小凡不觉得她们烦人,那种嘴唇上涂上厚厚的口红、脸上擦上粉的感觉实在很好,总之这让她觉得自己和城里那些蚂蚁一样的人不一样。

....

女孩们相互依偎在一起时,像是很好很好的朋友。

明明是"上帝"俯瞰胡小凡和她身边的人与事,可这两个时刻,我们忽然跳到胡小凡本人身上,通过她的眼睛去看、她的心思去想。我注意到,这两处都是写到胡小凡和那对"奇葩"姐妹相处的时刻。按说,读者会感到跳跃、别扭。果然,组员remina留言说"好奇为什么会有突然的人称转换"。你猜嘶溜怎么回答?

觉得有一些叙述以当前视角讲述不太恰当,就会突然切换视角,所以看起来会像糊糊一样。

不一定作者制造什么效果,读者都会很舒服地接受。但是,对作者来说,首要任务难道不是把自己想要说的话放出来吗?对嘶溜来说,在讲述中有那么两个时刻,只有亲近的第一人称"我",才能带出胡小凡最真实的记忆和感慨。也许这篇作品的视角使用有其他更协调的可能性,但对嘶溜来说,这就是当时她的决定!

亲爱的阿库,技巧就是这么回事。鲁迅先生说:"其实地上本没有路,走的人多了,也便成了路。"有故事,就有讲述。为了展示故事中最重要的部分,每个作者都需要选择讲述的视角。对视角的有意识选择,就成了一个写作技巧。然而,就算明白这一点,你和我也必须像李淳毅、嘶溜一样,在每一次创作中去寻找哪个身份、哪一种声音最合适。我们没法机械地使用技巧,只能在实践中尝试寻找自己的策略和方式。

听起来我们没有固定的依靠。然而,技巧存在的意义就在于帮助我们说出心中最想说的话。我们使用技巧,因为我们心里的话有的模糊不成形，我们自己也捉摸不定；也有的听起来大逆不道，我们不敢轻易放它们出来。我们必须用自己的方式（技巧），引它们从心底的深井浮出水面。正因为技巧是为讲述者服务的，所以对它们的使用没有也不需要有一定之规。

刘博言的《零号回忆录》，讲的是初三参加新加坡研学时，一天晚上他和几个同伴偷偷溜出去吃了顿烤乳猪的故事。内容不复杂：少年们早就约好了赴一场有仪式意义的聚餐，目标是刘博言魂牵梦绕的烤乳猪；餐毕，他们拉练式狂奔归队，不过还是晚了几分钟，被老师识破，勒令他们写检查。前后也就是一两个小时中发生的事，按顺序讲述没什么难以明白的。不过，实际阅读起来，却让人感觉颠三倒四。再看小标题，原来六个小节的出场顺序是：一→六→三→四→五→二。

为什么第二小节和第六小节被调换了位置？这并不是他事先设计好的插叙策略。原来，当时的刘博言写着写着开始感到困惑：当他把记忆讲出来时，他发现重点不在于烤乳猪，也不在于检讨书，而在于少年在旅行途中圆梦这个亦真亦幻的过程。那自己该怎么讲述，才能澄清记忆的真相？在第六节（这时烤乳猪已经被端上桌，但还没入口）中，他跳出了叙事，来了这样一段"作者的话"：

> 决定写这个故事的时候没想这么多，但写着写着（尤其是在第一稿丢失之后重写的时候）就感觉很不一样了——我得承认我一直无比怀念那个晚上，才决定把这些东西写下来，可我发现那个晚上或许没我想象中那么美好，颇有些

《阳光灿烂的日子》里面马小军的记忆的味道。我决定用不同的顺序拼凑起我的记忆，看看究竟有什么样的变化——这就成了不同于初稿的如今呈现在大家面前的"记忆碎片"式的叙事方式。渐渐地，我又发现，有的时候好多碎片适用于同一片空白，同一段时间的记忆有多个版本，有无限的可能性。这让我想起了《罗拉快跑》。

我对这篇回忆录的内容重新编排、章节重新编号，仅仅是简单的变化却产生了奇妙的效果，猛然之间甚至发觉自己可能注入了一丝《低俗小说》的风格——这只烤乳猪像 Vincent 一样没上桌（没死），上桌被吃掉（死了），结尾居然又变回没上桌（没死）。意外地，我做到了自己之前很想做到，却苦思不得其要领的事情。就这样，一种我认为最奇妙的随机性与可能性的结合体，诞生了。

于是，制造这种结合体就变成我的一个目的，这篇"回忆录"更像是一个玩的过程——故事只是保证我心目中的真实，想表达的内容是根据我的文字水到渠成产生的。我确信让我重新写一篇关于此事的回忆录，将会有另外一篇达到"我心目中的真实"的故事，导向另一种想要表达的内核。不论哪个版本都是真实的，都是我的回忆。这种结合体真的很迷人，它让我以一种全新的角度，去审视我的回忆，以及我的过去、现在和未来三者之间的联系——这一切都充满了可能性和随机性，建立在我的脑海之中、思维之上，不受时间的限制；三者融为一体，成为我自己。

在随后的讲述中，虽然我们很快回到了那个潮湿、心动过速的新加坡夜晚，但写作者刘博言会时不时跳出来，质疑自己的记忆，拉我们共赴迷局。直到第五小节结束，这场戏看似已经在老师降下（"我的人生第一份"）检查令后，获得完整的讲述。此时，我们再次跳入了第二节——

囊中羞涩，我们没有大吃特吃，只是点了一只西班牙烤乳猪，外加几盘不同配料的西班牙海鲜饭，还有一新元一杯的无限续杯的冰水。大家其实都想点饮料，只是我力排众议，从经济角度阐述了点饮料比起点冰水究竟有多不值，才让大家放弃了这个想法。我其实一直对这事有小小的内疚，原因就在于我在聚餐的过程中顾忌的东西似乎太多了，以至于有些放不开了。不过在当时，景象还是一片祥和的——我们在等待的过程中越发地按捺不住自己，变得激动万分，冰水也不能给我们降温。在这家名叫 Serenity，中文翻译过来就是"宁静"的餐厅当中，我们似乎逐渐变得越发格格不入。我们交谈的声音越来越大，不时发出了金属刀叉与瓷盘子撞击的声音来为我们伴奏，引来了越来越多的异样目光。我们大概掉了几次刀叉，发出当啷的声音，只不过这究竟发生在这只猪登场之前还是之后，我早已记不清了。我依旧保持着相对的冷静，不时号召大家再安静一些，但其实我自己也沉浸在了这种越来越让人热血沸腾的环境之中，显得无比兴奋。到了那只千呼万唤始出来的小猪登场的时候，我们的激情被推到了顶点。

于是，男孩在异域期待着与童年只在电影里见过的烤乳猪相遇，讲述永远悬置在了这个故事还没正式开场的档口。

　　阿库，一般来说，人在学什么技能时，都希望尽量多一些硬技巧傍身。但若我们不是身在奥林匹克赛场上，而是在真实生活中，我们其实是在跑得最舒展时才懂得怎么在跑步中协调各处肌肉、掌握节拍。其他的事也一样。当我们体会着自己的写作、拍摄、烹饪与社交时，我们理解了技巧只有为我所用才有价值。而我们每一次主动的探索，会让技巧不再僵化死板，使它融入我们生命中，幻化出无限可能性。祝

忘记技巧，然后拥有属于你的技巧！

山精

2024 年 8 月 5 日

第十二封信
只要有人读完你写的每一个字

阿库：

　　见信好！今天早起打拳时，转身间我见到了紫薇花。它们花瓣细小，团团簇拥在高枝上，颜色俗丽。不过啊，这也是季节的象征。看到那团粉紫色，我就想到它的一个别名——无尽夏。我又想到，牵牛也应该在草叶打露水时就旋开它拧紧的身躯了。可惜我家附近看不到。据说，日文里它叫"朝颜"——清早的容颜。到了开花的时节，植物不会刻意掩藏，也不会大肆炫耀。它们只是遵循生命本身的节律绽放笑脸。阿库，你的创作也到了开花结果的时候了吗？你会牢牢藏着，还是期待与谁分享一下？

　　我们的课程里，在创作之后总有分享环节。作者给自己留言、组员留言互评，大家也会收到我的留言。除了分数（除了关键的几篇大作品，其余习作我们不打分），更真实的"收尾"工作就在这口头与文字的交流里。这么多年，我只遇到过两位少年（真的是少年），不愿把自己的习作拿出来分享。同时，他们也拒绝给他人留言。第一位少年（他的笔名晦涩难懂）告诉我："这个班没人能看懂我写的。"同学当众分享音乐时，他会出言不逊，不客气地指出他认为这首曲子很俗气。第二位少年，平素也紧抿着嘴、一副警觉的表情。他不能接受他认为不利于自己的留言。我知道他弹钢琴，就问他："如果只身在海边，你还弹琴吗？"他望着前方的空蒙发了一下怔，果断回复："不弹。"拒绝本身也是在意的一种方式。阿库，你能感觉到吧？他们不是不在意分享，只不过用了自认为"捍卫"自己的方式。

是啊,没有人写完后完全不在意分享。投一颗石子到湖里,不就为了重重涟漪?当然,你永远是自己的第一个、最忠诚的读者。不过这不够,大多数时候这远远不够。那么,阿库,你期待中的读者是什么样的人?你知道自己希冀从他们的反馈中得到什么吗?

有一次,围绕这件事,我们得罪了一位远方的作者。那是第二届故事奇点杯写作大赛时,一位外省的少年经网友介绍而来,投了自己的作品。同时,她还附上了某个大城市里的名家学者对这份作品的点评。她的诗歌闪烁着稚嫩犀利的锋芒,让人看好。而页面右侧密布着各种术语,是份看上去很像样的文学批评。这样的文学批评,我们的小伙伴很少见到。他们说,诗歌不应该被如此评价。或者说,对所有原创的文学作品,读者应该以开放的心态与其交流,而非用术语把它拆解得支离破碎。可是这位未曾谋面的同学并不乐于听到这样的支持,争执了几句,就此离开了我们的大赛。还有一次,也是类似的情况。学生告诉我她把作品给某个在上大学的哥哥看,那位哥哥不客气地评头论足、尽批评之能事。这回,生气的是我。我告诉她,你不用很在意这样的批判。我理解大家都渴望从权威那里得到支持,哪怕有时这支持听上去是严厉的批评。我也不认为,自己的孩子别人说不得,对于作品外人只能夸不能否定。但是,这一切应该建立在理解和尊重的基础上。没有共情的居高临下,不是交流,只是打分数(甚至是以此显示自己权威的身份)。而如果创作的目的不是或者不仅仅是要个分数,这样的评判对作者的帮助并不大。

・・・・・・・・・・・・・・・

阿库，如果你也认可创作是一种表达，那么，表达的目的不应是被评价，而是被听到、被回应。

自发创作了《拜启、四月三十一日の君へ》(《敬启、致四月三十一日的你》) 的 R，以这份作品参加了今年的第三届故事奇点杯写作大赛。这部作品讲的是高中女孩田中优被困于 4 月 30 日自己从学校教学楼跌落的循环里无法挣脱，意识到这一点后优追随"把自己从楼上推下"的同学一之濑命进入她的记忆，发现自己是命主观印象中的优——一个只生存在他人意识里的偶人。偶人优和引领她前来的命彼此袒露心扉，帮助现实中已是成年人的命解开心结，走向新生。作品提交后，它的讲述手法和主题在评委中引发了不同的评判。与此同时，在网站上作品下面的留言区里，R 和读者们的交流也在自然地生发着。

遵循课程惯例，R 先放了一份作者阐述在作品下面。这是创作完成后，作者和自己的对话。也是作者对潜在读者释放的信息。

磨了一个学期终于写完了。怎么看都不尽如人意的一篇，写作时的困惑远大于快乐，被太多问题拦住，写到后期几乎寸步难行了。这个故事足够吸引人吗？这点小事真的值得用 3 万字洋洋洒洒地书写下来吗？是不是太小题大做、不切实际、小家子气了？人物的行为"OOC"（不符合角色设定）吗？她们立体吗？她们可以做到被读者讨厌或者喜爱吗？想表达的东西——虽然写着写着我也搞不清楚是什么了——表达出来了吗？至少原本我还是很清楚自己想写什么的（指女性之间的恨意），越写越发现笔力太弱，写不出那种黏糊糊的散发着楼道气味的关系。那就把笔墨着重放在失去亲爱之人后的思念上呢？读了 remina 的《金鱼眼》（山精注：《金鱼眼》是另一个班的同学 remina 之前提交的一篇习作），感觉这个主题再也不能被阐释得更动人了，至少我做不到。

・・・・・・・・・・・・

总之这是一篇极其极其极其自我的文章，从矫揉造作的情节到青春伤痛文学（地摊版）的文笔，发出来就像裸奔一样羞耻。不过，首先，写都写完了；其次，八成（确实）没什么人看；最后，虽然现在又变得畏首畏尾，但一开始确实是抱着"烂也无所谓"的想法才开始写的，看到它发展成如今这个样子，当时的我应该会很吃惊吧。

感谢给出很多有用建议的山精和三拾，感谢愿意看完不明所以的 3 万字的你。对那些被我浪费的光阴说声抱歉。

・・・・・・・・・・・・

把心血之作公之于众，我们多少都会有忐忑和羞耻感吧。这跟客观上的写作水平无关。与其煎熬着等待潜在的板斧落下来，不如把不安和不自信坦陈。这些文字发布在网站上 6 小时之后，R 想象中的"板斧"随之而来。

Tisane 刚刚高考完，应该比较空闲，第一时间来留言。

好巧啊，读的时候也在听シャノン（香农）的作品［虽然是《鱼类考古学》，但是君が僕を選ぶとき，僕が君を選んだの（你选择我的同时，我也选择了你）］。

如校车上灼烤皮质座椅的气味和樱花飘落一般浑浊又轻

盈的故事……读的时候有一种强烈的"这里的每一个人物都是作者本人的一部分"的预感,从纯粹的创作者到纯粹的"现充"——优、命、可可,她们是有鲜明个人特色的人物。只是从一个比"读者"更跳出故事的角度来说,她们都像相互替代的作者的唯一特质(所以优死后命才突然写出了什么东西吧)。

田中优——平板端正的姓氏后面跟着尖锐又冷漠的"优"(但是这个字的发音又这么清圆)。一之濑命——犹如走钢丝一般摇摇欲坠的字形。她们挑选了某种绵长、曲折又痛苦的道路——才华、天赋、创作……行走在如名字一般四方的、属于当代日本女高的潮流外来词名字的格子里,像坐满人的双人座椅。

嫉妒,仇恨(我觉得这不是"讨厌"呢,这就是仇恨,因为恨是一种原本可以拥有的东西被夺走和掩盖之后产生的情绪),让我想到与谢芜村"在大津绘上/拉屎后飞走/一只燕子"……因为作者写得太美而无数次落泪。女性的恨意什么的完全被忽略了,只感受到女性之间无尽的支持。

最后我想说这篇文章在代入感方面做得太好了……完全没有让人觉得写的是一件小事,格局太小。因为 R 写得实在太好了,属于每读几个字就得停下来歇会儿,不然就会被"这种厉害的东西是怎么写出来的"和"真的太嫉妒了"这两种情绪冲昏头脑。真是让人充分理解命的心情呢!!!

而作者也第一时间赶来回应:

哇啊……长评出现!啊啊啊我要哭了,一下子觉得写作好幸

福。也许这篇文章安然无恙地摆在创写网站上和你相遇是千百年前就决定好的呢，君が僕を選ぶとき、僕が君を選んだの（你选择我的同时，我也选择了你）。《鱼类考古学》是我爱上シャノン的开端。

Tisane 大人好文笔！"黏腻的春日"确实想写出这种效果！像毛线团或耳机线一样纠缠在一起的心绪，想倾诉都不知从何谈起。

写的时候一直在听 sasakure.UK 的 *uzumakinoharu*（《朦胧之春》），"键盘音色的闪光"也许来源于此。"这里的每一个人物都是作者本人的一部分"，啊啊啊啊啊这就是发到网站感觉很羞耻的主要原因之一。比起我写得太明显，还是相信 Tisane 太敏锐了吧。

关于"为什么优死后命才能写出东西"，一开始没细想。听 Tisane 说完，感觉太阳"耀眼"从另一角度说是惹人不快的"刺目"，它确确实实掩盖了其他恒星的光。命也许就是被这光蒙住了眼睛，忘记或者不相信自己可以做到。听说优的死讯时，她是如释重负还是悲痛欲绝呢？我特意没有写出来。如果有人觉得前者多于后者或完全是前者，因而讨厌命这个角色，我觉得是我的荣幸。

・・・・・・・・・・・・

这就是女性之间的紧密联结的魅力。只有小女孩，青春期的小女孩，才能诠释出这么别扭、这么痛苦、这么纯粹的情感！

最后一段太真实了。允许我对曾经让我产生相同想法的创作者说同样的话：求你们了，别天天怀疑自己了。

啊啊，能收到这样的评论真的太幸福了，永远珍藏。

过了几天，被 R 羡慕着的 remina 也前来留言。

女性之间的恨真的是个很迷人的话题。就好像我们骨子里都有相同的倔强和柔情，所以爱与恨总是交织，总是把我们裹挟。有时候我会忍不住把自己代入命的角色去仰望优，我在优的身上看到了很多我嫉妒、爱的人的身影，这种情感好像潜伏在我的胸腔中很久了，终于被 R 说出来啦。此时对这篇文章的感觉就像优评价命的写作一样："我没有说它好，我只说我喜欢。"因为读的时候能感觉到一种朦胧又澎湃的情绪在上升，所以喜欢。

天呐，我怎么会收获这么高的评价！当时收到 R 给我的评论我已经非常非常开心了，没想到还能出现在作者阐述里。说实话我的状态很像当时的命，感觉笔力在一点一点流失。而且我对自己的文章很不自信，别人的评价会对我影响很大。所以真的很感谢 R 当时对我的认可，现在想起来还是有点想哭。R 无论是写女性之间的恨还是写思念与挣扎、逃避，都比我写得好得多。命真的是一个既现实又立体的人。我总觉得自己体会过命听到优说"我的小说有机会出版"时的感情，这是一种真实又真挚的嫉妒，可我们又不能把它展露出来，只能默默吞到肚子里。我也完全不会讨厌命，相反我很喜欢她。

总之，谢谢 R 带我认识命和优以及这篇中的所有人物。

阿库，我仅以这几个片段代表 R 和读者们的互动。这时你是否有了和我们的写作者一样的感受——作者最渴望的读者，（甚至根本）不是权威，而是那（些）认真读完自己作品全文的人。R、Tisane 和 remina 同龄同性别，对日本女高流行文化和女性之间隐秘的感情有着求同存异的认知。这篇作品像是桥梁，让她们在自己熟悉而且永远有话要说的领域隔空击掌！不过，就算共鸣没有这么多的人，比如我，或者其他读者，只要认真读过，总会被激发出什么感受。作为一个孤独（而且很多时候很茫然）的"上帝"，作者原本孤零零地徜徉于人物的世界，和他们商量着下一步的行动，帮他们承受着命运的喜悦和痛。这时，你来了！不同读者通过由作者打开的门进入这个世界，一边好奇地东张西望，一边和作者并肩站着，目睹事态的发展。读者有权发言的原因在于他对作品的共情。他拍拍作者的肩，发表一些感叹甚或见解，使那位独孤求败的"上帝"有机会带着新的眼光审视自己的创作，不再局限于自我固有的感情和思路。

说到底，所谓权威，如果不能理解作者的心意、帮助他成长，又有什么存在意义？

当然，再好的作品也不会完美。因为它们像我们一样，是活生生的。模糊、语焉不详的地方像一个豁口，释放作者或者读者脑海里的问号，让所谓结论成为一个可以继续推进的话题。

我（抛开老师的身份，我首先是一个普通读者）很感兴趣 R 作品涉及的"女性之间的嫉妒"这个话题。虽然有 30 多岁的年龄差距，但在这一点上我格外有共鸣。尤其中学时期，女孩（好友）之间秘而不宣的互相较量，对我来说也是记忆深处微妙且荡着层层涟漪的复杂感情。近年我读过一套很受追捧的意大利小说《我的天才女友》，女性友情中的嫉妒与互相支持是它的核心话题。但是，为什么 R、Tisane 和 remina 都称之为"恨"呢？就此我也留言提出了我的疑问。

R 的回复是："我理解的恨是一种最原始的情感。诱因不一定清晰。本质是希望对方去死。嫉妒是'消失在眼前就足够了'，随便你在哪里过着怎样的生活，比我幸福也无所谓，只要我不知道。恨不一样，恨着的人即使已淡出我的生活，我还是会时不时想起，纠缠一生。"

而 Tisane 的回复是："我好像从来没有很认真地区分过恨和嫉妒……可能在我这种人心里嫉妒就是一种值得去恨的原因吧。损害人的利益（潜在的利益）算吗？如果你比我有天赋，是否会侵占我潜在的被看见的机会？有别人没有的，不就是比别人多占有一些东西或者说利益？对我来说可能有点难懂。是的，我就是很容易把嫉妒转化成恨的人，以至于它们对我来说是同等的……爱和恨都可以是想把一个人杀了。爱的同时就会恨，这是人类自然的保护机制。"

就几十年来我一直单纯地称之为"嫉妒"的感情，比我小 30 多岁的女孩们提出了不同的见解。虽然我一直以为我绝对不会恨我的朋友，但是，我的嫉妒中果真一丝恨意也没有吗？对我来说，恨又是什么呢……

阿库，你看，之前我们讨论过作品主题深度的问题。在读者和作者（围绕作品展开）的对谈里，只要沿着彼此感兴趣的话题一直钻进去，到那个你我都一时没法给出明确答案的地带，我们就在趋向于深度思考。即使，这是关于日本女高中生校园生活的话题。

说到这里，也许你会说：这些你都明白，你缺的就是能够相互信任的一群人……的确，这件事我帮不到你。但至少通过 R 的例子，希望你能明白自己需要什么。也许没人指点你、没人那么理解你，但是如果有人能够真诚地花 15 分钟读完你写的每一个字，然后用 10 分钟跟你聊聊天，这或许并不比专家的作用小。

曾经一度，我们的结课创作要求学生在人群中找不同的读者，并且要有意寻找和自己不那么一样（性别不同、年龄差 3 岁及以上）的人。我的学生米饭煲汤就找了她 8 岁的双胞胎弟弟。

《爱卡壳的小机器人》讲的是机器人噗呲被"妈妈"送到学校里，但是他的与众不同让身边的人类孩子没完没了地孤立和捉弄他，只有一个叫 Tony 的小男孩站在他身边……结尾，小男孩 Tony 从梦中醒来，这个世界里没有噗呲。不过，他决定勇敢去面对学校里新的一天。

米饭煲汤说：

> 我很感谢每一个评价，它们都让我看到了这个小机器人对他们的意义。在我给我的一个弟弟读这篇作品时，他翻来覆去地在床上滚，我觉得他失去了兴趣，当时有一些失落。在他听完之后，他突然坐了起来，用他童稚的声音认真地做起评价，我觉得很不可思议（不愧是我弟弟）。他抓住了我希望可以传递的一个信息。其实 Tony 刚开始对霸凌是痛恨但又麻木的，就像我在创写课上第一篇习作里写的藏在壳里的女孩一样，很善于操控自己的感情，这也是我经常在自己

身上看到的,为了躲避伤痛,我们就选择忘记。但是梦可以把自己真实的部分挖掘出来。

　　大米(弟弟)跟我说,其实Tony刚开始没有感觉很难受,但是在梦里他有了朋友,醒了之后发现自己只是孤身一人才很难受。我觉得这是我想要表达的另一个部分。即使我经常觉得隐藏感情是一件很方便的事,但是情绪也是能让我们解决问题或者面对问题的。而Tony也不应该只身一人,这个故事里的女同学呢?其他男生呢?为什么真实的霸凌故事里的那么多"其他同学"就像幽灵一样淡出了这个可怕的冲突?在我采访完大米之后,他跑出我的房间去找躺在沙发上的妈妈。我远远听到他问妈妈是不是在读我的故事,然后他就开始发表他的观点。这是写完这篇故事最让我激动的事情。大米小米(两个弟弟)在有一搭没一搭地讲述(他们学校里的)霸凌事件的时候,一直都站在旁观者的角度去说,但是我很高兴大米可以在这之后发现一个新的角度。

读完她的留言,我特地去听了当时米饭煲汤留在网站上的采访录音。当我在跳跃模糊的交谈声中听到——

　　"你周围有这样的孩子吗?"
　　"有啊。"
　　"谁呀?"
　　"×××"
　　"有人打他吗?"
　　"有啊!"

"那你觉得他会很难受吗?"

"当然!"

我忽然很感动。

这封信就到这里吧。祝

看到你家门前的花开,并(或许可以)轻轻触摸它!

山精

2024 年 8 月 6 日

第十三封信
读什么都好,只要真的沉浸其中

阿库：

　　见信好！

　　据计算，今早 8 点 09 分 01 秒，我们抵达了立秋节气。但怎么说呢？体感依旧黏腻，空气潮得能够拧出水。

　　阿库，平时你喜欢读些什么呢？谁是你近半年关注最多的 UP 主？哪款游戏长期称霸你的手机界面？我是说，什么填充了你的业余时间，让你在埋头前行的路上，纵然疲惫也知道背后有个更大的世界默默等你？什么让你即使没有亲密好友，日子也能忍耐下去（甚至庆幸）？也许它是运动或者美食。不过如果我们把注意力放在精神食粮上，那会是什么呢？

　　近几年，我感觉周围越来越卷了。写作课上，有人睡觉，有人头埋在桌子下面刷短视频，有人只要没轮到自己分享就摊开学案写作业。麻木的面孔、看不见的焦虑弥漫，我有种"海淀黄庄之大，已经安放不下一张平静的书桌"的既视感。我能做的不多，也有种隐隐的担心：不知道这样下去，大家会走向什么方向？

　　说起来，化解我的隐隐不安并不难。只要跟单个的学生在一起，面对面地深入接触，我就会毫无疑问地再次感受到他们活力涌动的小世界。这些小世界，与家长老师想象的不一样；它们就像成人世界的森林里藏在叶片背后的小虫，或者穴居地下的小兽。这里面有危险，也有执着的迷恋、纯真的信念。这是"后浪"们生存的真实世界。我知道"后浪"们正在对现实的焦虑和学业压力中沉浮。我知道有人会引用杨绛先生的话:"你的问题在于读书不多,而想得太多。"不过,我以为,只要一个人找到了更大、更遥远、更迷人的世界,可以兴致勃勃钻进去,那么那里是不是仅提供纸质书(名著),就不是最重要的。

前几天,兹迷美滋滋截了很多图片给我,分享她小学三四年级时玩的游戏——她的"这辈子第一个游戏"。她说"当时没有任何概念,现在才反应过来这个水彩画风到底有多美,以及这押韵的人物对话!"

兹迷分享的游戏截图

同时,兹迷还向我推荐了音乐剧 *Hamilton*(而我因为"忙",一直没时间看)。她说:"这个歌,特别完美地诠释剧情、填充剧情,与剧情相辅相成,让旋律在脑子里盘旋的同时也让情感留住了。"啊,这几年颇有小伙伴迷恋音乐剧。他们说"法扎"什么的。我的学生同明谈起她的作品《锡兵 1 和 abcd》,也说最初的灵感来自一部音乐剧。

风箫迷恋观看 F1 赛车比赛,并为法拉利队的 kimi、乐扣热情写就数篇长文。发布在网站上的作品，让她的爱好迅速浮出水面，帮她结识了同为 F1 车迷的写作者 Ubik 和 15 号塞沙特。

同人文写作让我一脚踏进孩子们喜欢的二次元游戏、动漫和网文世界。透明的海浪拳曲又舒展开，拍打着透明的无边海岸线。柚子茶带我认识伊索尔德·冯·迪斯塔多夫，她是踩着姐姐的死亡出生的姑娘。她童年被囚禁于贵族家庭的汤勺、降灵会和小花园，渴望自由却不敢推开那扇小门。维尔汀和伊索尔德一样，也是《重返未来：1999》中的人物。12 岁时不明世界真相的她出于好奇在第一防线学校带领孩子们出逃，导致除自己以外所有人在暴雨中化为几何体。这给她造成了巨大的心理创伤。鹤怨和昙华以不同的视角和迥异的写作手法带我认识《原神》的宏大世界观，以及卡维和艾尔海森两位思维方式迥异的天才。再早几年，小数点的《文豪野犬》同人文，让我在读到"如有阳光照耀在河滩 你只管回到宁静的房间"之前，就知道了日本诗人中原中也。千语写尽了《咒术回战》中五条悟和夏油杰的纠葛。它是那种你难以抵御的戏剧套路——一个好事和坏事都做尽的人，他死后人们才能慢慢看清他曾经对生活的依恋和热爱。

家长们会说，这就是流行文化的魅力。没错，十六七岁的青少年每一分每一秒都在孜孜以求地向外界探出他们的触角，吸收一切帮助他们成长的信息。游戏也好，番剧也好，不同时代信息传递有不同的载体。但它们能够流行于世，其中的精神一定是鲜活的。孩子们的触觉最敏锐。很多游戏的画面相当精美，对人性的探讨也颇具深度。再说，哪个少年不做梦？青少年热衷于建构自己的世界观。游戏和网文中宏大、虚幻的世界观，比如 SCP

基金会，或者废土世界、赛博朋克，让我们把目光投向远方和未来。无论现实世界的进度条如何发展，青少年都一定要关注最新的议题、最炫酷的发展。至于如何变不可能为可能，那是下一个话题。

无论如何对打游戏和刷动漫都不感兴趣，这大概出于我个人的某种不够灵活、无趣和日常的疲惫。但我支持我的学生。重要的不是具体读了什么，通过什么媒介，而是一个人只要孜孜不倦地吸收着新鲜信息，就像内心的平原总有风拂过，他的土壤就不容易板结僵化，失去生命力。广义上说，打游戏和看番剧都可以算作阅读。俗话说"读万卷书，行万里路"。当一个人没有条件在大地山川间行走时，至少他可以时常在精神的世界遨游。

但是，为什么很多成人对网文和游戏那么如临大敌？我猜，有一种可能的确需要警惕：当我们弄不清自己为什么想要读网文、想要打游戏时，它们有可能沦为我们打发空虚和排解压力的欲望的奴隶。

也就是说，比起读什么，更重要的是如何读。

前一段，我偶然读到一位毕业几年的学生 wenseer 写给《新世纪福音战士》（简称 EVA）的"告别信"。

....

那一年真嗣 14 岁，我也 14 岁。

我们都活在无可救药的年纪。

有段时间，我最喜欢的 EVA 原声是那首巴赫的康塔塔 BMV147《耶稣，世人仰望的喜悦》。不同于动画中其他更激烈、更充满幻想、更适合讲述故事的音乐，这首曲子单调,却像无限符号一般和谐、优美。我喜欢一遍一遍地循环听这首曲子。乘着提琴的声音,我的思绪便能漂流到没有现实的远方。学习时如此,在地铁上望着无意义的景色在眼前经过时如此,走在没有故事的大街上时也如此。

我不懂何为逃避,也不认为自己在逃避。在听到真嗣说"不要逃避"时,我觉得那与我无关。我只是不想麻烦地露出表情、不想跟麻烦的人说话、不想去麻烦的聚会。没有什么比独处更快乐。我有自己的房间、自己的音乐、自己的书、自己的电脑、自己的笔。我的思绪可以不受任何人限制地在它们之间穿梭。它创造出无穷无尽的想法,就算我把那些想法们像纸团一样堆得满世界都是,也没有人可以管到我。

反正也没人理解、没人在乎。

班上的同学都喜欢笑,喜欢下课打闹,喜欢挤满逼仄的教室里好不容易留出的空间说毫无营养的对话。但我不喜欢这样。我不明白他们到底在笑什么,也不知道这样的生活又有什么值得如此开心。我认定他们只是一帮没有趣味的傻瓜,他们的对话不值得我去参与,我也无法参与。有一天我决定一天内一句话也不说。我做到了,唯一的例外是语文老师在课前问好时问我:"有人欺负你了吗,脸色怎么这么奇怪?"

我得告诉她我没事。但究竟是什么没事?我答不上来。

在看 EVA 的途中,我几乎立刻理解了 A. T. Field 的含义。人的心之壁。我一直以来在维持的事物第一次有了名字，获得了形体，好像在我和人群的小小间隙中真的存在那么一张闪着奇异光芒的屏障。从此，想象力的引擎开始全速轰鸣。在日复一日的学校生活中，我好像真的也驾驶着强大的机器人，在各种危机中拯救世界。我不停地在我和真嗣的世界中创造或许存在的交点。虽然我并没有看过多少动画，可每次我都全力想象着自己在它们的世界中活着的情形。EVA自不例外。

....

"寂寞是什么？""以前我不懂。不过现在好像有点明白了。"

我未曾把自己代入真嗣的角色中。可我发现我也坐在那把简陋的椅子上。

我的世界没有机器人、没有使徒、没有第二次冲击。有的只是跟真嗣一样痛苦的自己。

我不懂别人是怎么看我的，我不知道别人是怎么评价我的。我想知道别人是怎么看我的。

我好想和身边的每一个人说：我其实是一个很好的人，只要你们来理解我就可以了。

但我没有说，也没有这么说的资格。

我绝望地在内心默默地大叫：我卑怯、胆小、狡猾、懦弱。我讨厌自己。我不能待在这里。

我该怎么办才好？

于是机器人和世界危机从我的幻想中全部隐去了。留下的只有坐在椅子上茫然的真嗣、丽和明日香。"还好，我并不是孤身一人。"我想。

这样的情绪有时会在女孩经过我的课桌的日子里缓解，在其他的日子里回来。我就过着在肯定和否定之间、希望和绝望之间徘徊的生活。我期盼带有希望的日子每天都能到来，那简直再好不过了。如果人可以心灵相通，不必说话也没有隔阂，那简直再好不过了。

在那个想法出现在我脑海中的瞬间，所谓逃避究竟为何物，我好像有点明白了。

EVA 的精髓，藏在那个"在世界的中心呼唤爱的怪兽"的名字之中。

············

我只想知道自己该何去何从。

大家说得很明白：或许自己和世界都并不坏。不论自己是怎样的人，自己理解之后，就能对自己温柔一些。这些道理对于 14 岁的敏感少年来说没有任何理解难度。

"我或许可以待在这里，我想待在这里。"

是的，我已经明白这正是我所期望的。所以该怎么做？

幻想与现实最大的区别便是：公主和王子不需要为他们日后的幸福生活发愁，对真嗣而言，打破封闭的外壳接受众人的恭喜已然是完满的结局，但现实中没有人会恭喜他人自顾自的觉悟。

在现实世界，如果要迈向自己期望的结局，只能靠自己的力量一步步去努力。

于是我出发了。

遗憾的是，在现实世界没有人是主角。自始至终，自己的故事都未曾中断地持续进行着。蓦然回首，大家俨然已经在各自的道路上前行许久。不过我却不会再陷入悲伤之中了。

没关系，我已经能承受痛苦和心碎了。

所有长大的孩子们都值得一声"恭喜"。

时光流转，我终于在一个快要淡忘过去的自己的年纪等来了新剧场版的最终集。

记得自己不止一次跟朋友说过：我唯一所求，就是看到之前和我一起挣扎在痛苦和迷茫中的几个少年能迎来属于他们的成长和结局。他们努力挣扎了那么久，他们值得。还好，庵野没有让我失望。我好想跟他道一声"恭喜"，以及"感谢"。

其实看之前我一直在想，自己看完之后可能会哭得很伤心。但直到今天真的看到中途才猛然意识到：那沉迷于EVA、被EVA鼓励和拯救的时光已经在我不经意间过去了太久。而我在EVA带来的光芒和力量之下已经生活了很长很长的时间。等待这部电影这么多年，就是想要一个仪式，来为自己的那段时光画上最终的句号。然后义无反顾地继续自己作为成年人的旅途。

我想真嗣总有一天也会像我一样慢慢淡忘在第三东京市经历的种种艰辛，也能坦然地向他人讲述自己的过去。

因为我们无须再陷入悲伤，这些联系着我们的羁绊会为我们指明方向。

我想，关于"如何读"，我不能比 wenseer 说得更多更好。邂逅自己真心想要读下去的书或者其他媒介作品，沉浸其中，直到我们与故事里的人和事融到一起。这是方法，也是运气。跟写作一样，阅读的起点和终点不是读了多少本书（写了多少字），而是探索世界、寻求解答的诚意。

最后，我想说一个实际问题：也许很多人会说，我不是不想读，我缺的是时间。对这个问题，我的答案是：跟写作一样，阅读首先指体验阅读的过程。你会发现，这本身就是种享受。

论起繁忙和压力，课表满满、上有老下有小的山精跟书包沉得我拎不起的学生们比，也算不相上下。但是我曾数了一下，在教学研发、行政琐事以及陪伴孩子之余，一年里我也能读个十几本书。我是怎么做到的？我发现，坚持写作打卡，给了我一种沉浸在当下、"好读书，不求甚解"的态度。每一次写作打卡短则睡觉前的十分钟，长则半个多小时，它们让我切实感受到在碎片时间里我也能体验精神的撞击。而且，我只能也必须利用这些碎片时间，为自己主动寻求小小的精神撞击。渐渐地，我对读书的态度也比之前更务实了。就像挤 45 分钟跑到车流轰鸣的环线旁绿化带里做瑜伽一样，当我给自己腾出一小片时间空地，我会随手从书架上挑一本此刻最想看的书，随手翻到一页，一猛子扎进去。

时间富余一些时，兴之所至，我会摊数本书在床上。自己搬个小凳坐在床边，翻翻这本，又肆意游荡于那本，自由自在地悠游在文字的世界里。

也许你会指出，这样的任性可能导致我东一榔头、西一棒槌，精神收获散漫而毫无体系。但是几年下来，我反而逐渐摸索出自己精神食粮的谱系。有几年，我从盐野米松读到赤木明登，又在邻居装修的打钻声中如获至宝地读完了豆瓣书店买下的打折旧书《树之生命木之心》，后知后觉发现日本民艺著作中的匠人精神和我朦胧中的某些人生理念、教学理念不谋而合。那份埋头劳作的安守之心仿佛鸟鸣，清静了我的小天地。又过了几年，我自觉匠人精神还不够，我需要"吃些"别的。这些书就暂时被束之高阁。我偶尔感兴趣了才拿出来翻翻。阿库，我从这件事里体会到的是，人是活的，要让心智成长的需求驱动你的阅读，而非反之。

到这个年龄，我不再刻意追求从阅读中获得什么。记忆中留下的，是那些阅读当下的甘美。记得有一年十一长假期间，我清早爬起来读书。那天大降温，我裹着热水袋、喝着咖啡，坐在落地灯下的小板凳上读保罗·索鲁《在中国大地上》。某刻从纸页上抬头，我瞥见对面被阳光斧劈的楼群，瞬间以为自己置身于一个雪霁的冬日——清新的空气像鸟一样喷射出去，春天要来了。那个瞬间，不知是于地图褶角中安然生存着的普通中国人触动了我，还是我自己经历的种种涌上来，我忽然感觉自己活得太久了，久到分不清现在、过去和未来，我所经历的和我未曾经历的……

阿库，我们到底为什么要写作，又为什么要阅读？只有沉浸在那些属于我们又不属于我们、熟悉又陌生的世界里，我们才能领悟自己的渺小、生命的有限，以及渴望、爱与探求的意志的无限。

还有时，我干脆坐在傍晚时分的房间一角，望着窗户上满得要溢出的墨蓝发呆……沉静中我忽然悟到：这，也是阅读。

　　阿库，阅读是一种工具，写作也是工具。内心的自由和强大，要靠自己的努力来争取。祝

沉浸在什么里，让自己越来越清明强健！

不按常理读书的山精
2024 年 8 月 17 日

第十四封信
写作是农业,不是工业

阿库：

　　秋天终于来了。

　　经受了整个夏季的黏腻灼烧，这几天走在路上，接收到的每一阵凉爽、每一次林木的摇曳摩挲都让我心生感激。早饭时，站在厨房望着远山清晰明丽的起伏，我知道我们即将迎来霜降时盛大的化装舞会，以及荒芜凛冽的冬。四时轮回。不过，我心里很平静。该来的总会来，已去的不可追。

　　开学了。我手头的事务一下子繁忙起来。阿库，咱们在这一年最热的日子里断续的闲聊交心，也将抵达尾声。我们和彼此说了那么多，但有些真实存在的困惑，我们似乎还没有认真触及。

　　在我身边的写作者里，Tisane 即使写完了心中的玄乙，在后面的创作中也时有焦虑，担心自己写得不好，没人喜欢。兹迷写完《野葡萄》后悄悄说，"我明明知道我写得不好，但是我还想被夸，还是想跟别人聊"。俞舟南从文笔到思想都精到，每篇作品都有着油画般的质感。但她从大学里发来消息，说自己被想写但没时间写、没时间写但想写的焦虑两面夹击。Reggy 追着大家问，小瑞的故事哪里要修改……

　　如果没有才能，还要不要写下去？

　　无论如何都写不出心中那个世界怎么办？

　　万一没人喜欢我写的东西怎么办？

　　……………

我遇到的学生,大部分面对写作都有焦虑。这跟客观上他们写得如何无关。无论叙事能力多么强、心思多么精巧的孩子,都有可能在整个学期惴惴不安。当我暗自慨叹他们的天分、意志力与宽广迷人的胸襟时,他们心里的潜台词是:"对不起……""抱歉……""实在太糟了"。与写作缘分浅一些的普通同学更是如此。在那个沉默的大多数的世界里,不知有多少小灵魂不知从哪天起就认定自己与写作这件事毫无关系。虽然,这些平凡面孔下鲜活或者认认真真的讲述,从和表姐一起度过的夏天到对奶奶的突然离去久久无法接受,再到《波子汽水》与《街头奇遇》,曾一次又一次吸引我的心,让从小孤单也不自信的我,看到尘世间其实有无数身影和我一样,活过爱过。

这里面有一部分困惑,跟方法与技巧的习得有关。譬如如果一个写作者不知道如何捕捉灵感,或者不理解灵感是什么,那么面对瞬间来去的灵感,她就会有无力感,进而质疑自己的写作才能。但我想,它首要的是跟写作这件事的特殊性有关。文字源于内心,指向一个人的思想境界、审美与气质风格。因此,人们会对自己写出来的文字格外敏感。面对白纸无话可说,这让人羞赧,自觉是个灵魂无趣、头脑空空之人。(其实,很多时候这是因为你不知怎么从看似不感兴趣的题目里抓出属于自己的部分,或者既说不出别人让你说的话,也不知道怎么说自己想说的话。)早晨下雪了,你雀跃着来到窗口,冲口而出的却是那些套路化的语言"银装素裹""洁白无瑕",自己心里也会难受。这不是你真正想说的。但是那种松软、静谧,你一时不知怎么拿自己的话说出来。写了东西,有人看,你觉得羞耻——担心被人不喜欢、误解甚或攻击。没人看,你也担心——它是不是不值得任何人花时间一读。说假话,没意思。说真话,又好似在众人之中没穿衣服,且又说不好。你我所担心的,归根结底不是自己的文字,而是文字背后的自己。我们担心自己的思想和写作不够好,不够正确,不够有趣。

我每每感叹于痛心于竟然有那么多大孩子,不仅没有体会过写作的真实滋味,而且被自己写出来的文字和写不出来的想法折磨着。甚至,在写作上早早失去了勇气。因为,当年的我,就是沿着一模一样的"歧途"一路走来的。这时候,我就会想起一个大孩子,和他所写的东西。

这个男生,姑且叫他 L 吧。因为线上课,其实现在走在街上我也不大能辨认出他的面孔和声音。但他文字里的某些独特质感,一直隐约留在我心里。

记得那是三月初,刚开学没多久,一个下午我正趴在床上看作业看得昏昏沉沉,他的这篇小小习作一下子让我清醒起来。那次的任务是写季节。L 写了冬天。

周五是一周中唯一一天我可以自己走回家的日子。从地铁到小区还有很远一段路,本是有直达公交的,我还是更愿意步行回家。我总是无法在太阳落下前走完我的路,于是索性走得不那么快了,在夜里,静静地,一个人也不说些什么话。

为什么自己要走这段路呢?

一个人的时候,我常常回忆自己经历过的事情。每次整理我的记忆时,总有些忘不掉的画面会自己跳出来。也只有在没有其他人陪伴的情况下,我才敢梳理我的过去。因为它是我最脆弱的一面，同时却是支撑着我活过一生的东西。

唯有冬天才能给我这种感觉。它的美丽和宁静使我专注，同时创造了我内心深处的精神空间。

我能想象天黑之后的地铁站。人群散去后，你周身的燥热被站外迎头的北风一下子涤荡而去。不过让我驻足的并不是气温，而是都市浑浊的天幕下，一个认真走路的人。他揣着一颗安安静静的心。这颗心有一份孤单，也有一份纯净的骄傲。

随后，我发现，L的每一篇作品，都带有这样一种气质。在写梦的作品里，夕阳将尽，一个人在高峡底部踽踽独行。虽然孤单的身影即将被耸立的山石吞没，他也不能停步。

夕阳

太阳在西方将穷尽处，仿佛继续西行，大地便成了虚无。把自己最后一束最炽热的光挥出，激励着一切生灵，却已然接近黄昏。它将万物的影子拉得很长，预示着一天即将到来的终结。

河

他在山谷的底端，河面极宽，水很深。河水是蓝色的，但能够隐约看见底部。水流不平静却也不湍急，顺着男孩走的方向流着，它的终点在前方巨大山谷中的阴凉处吧。

············

人

男孩在河岸的岩石上走着。他笔直地走，低着头，好像早已熟悉了它。这条路似乎没有尽头，缓缓向前铺着，像童话里的路一般有自己的魔法。他在追逐什么？他没有停下来，他要到山中去。

　　进了山谷，就再也不会有寒冷了，但男孩也会失去所有爱过的事物。或许他在某天，还能遇见那个戴着面具，为他演奏手风琴的人。

　　一个学期里，L在其他作品里还写了一位失去妻女、感受不到活着的意义的孤单中年人，以及自己在伦敦小镇上的旅行……我的预感没错。他的文笔谈不上出色，叙事能力一般（以至于他后期的创作断断续续写不出来，陷入困境，作品也有些单薄），思想也谈不上多么有深度。但这孩子个性中有种淳朴的真挚，以至于不管他写什么，他的气质都从字里行间扑面而来。隔着文字，我清清楚楚看到这孩子内心的版图——高山、夕阳，深邃、澄澈又孤寂。这种孤寂，这种只身一人在大世界闯荡的渺小和坚持，有时让人自怜，有时让人坦然骄傲。是的，我猜他心里是矛盾的。而这多么真实。我们身边有多少人跟他一样，渴望着独自一人那种全然自我，也肩负着蚀骨孤独的压力？

　　阿库，为什么要才华出众呢？做个普通人不好？难道我们每个人不都是如L这样，被湮没于众生之中，同时是独一无二的一个？为什么那么在乎他人的评价，又为什么总是因为写得不够好而焦虑呢？像L一样，坦坦然然、一次次努力着去讲述自己的故事，写出自己真实的想法和思考，不就是我们在写作里能做的事？不就是甜美的、让人心动的事？！在现实中和我并不熟识的L，以深邃悠长的内心风景让我久久回味。那学期他这门课得分不算高，在全班 16 人中排名第 13。可是，这又如何？

由 L 的创作所引发的是，那时已经教到第 5 年的我，忽然意识到：在任何一个班级里，那些所谓写得平平常常的孩子们的世界，有多少值得探索。只不过，他们离我有一些远。作为老师，我需要秉一支蜡烛，借着微光指引，才能走进他们所处的迷雾中。他们的声音不那么明晰嘹亮，凑上去听，才能挨个听清楚。阿库，你看，即使作为老师，我也是用了好几年才真正理解：在每个普通的声音里，都存在着鲜活的意志和个性。只不过，作为学生和写作者的你，以及作为老师的我，都需要挖掘它们，耐心倾听。

那时我好像才真正打开了写作世界的大门。我明白了一个中考前曾经想离家出走的男孩 X，为什么不知如何给自己的故事结尾。因为现实中，是他自己经历了故事中的一切，而他至今不知道该如何看待这份经历。我从差点休学的女生 W 的作品中看出，这孩子不会真的休学。因为，作品《曙光》里有清晰的逻辑思辨、顽强的意志、坚定明确的主题。

阿库，所有的作品都不应仅仅以"好"或"不好"来评价。作品的质量、作者的能力，都是可以被客观评价的。但是对写作者来说，最重要的是经历和体会写出自己的想法、表达情感和思考这个过程。无论 L、X、W，还是我其他的学生们，我相信，都是在这个过程中逐渐明确自己的心意，逐渐成熟起来的。也只有这样，我们才能提升自己的写作力。

阿库，这就要说到最后的重要的话：写作是农业，不是工业。

教育家叶圣陶先生曾经说：教育是农业，不是工业。教育的对象是人。写作的主体，也是人，是作为写作者的我们自己。因此，我相信这句话可以挪用过来。所有的表达和沟通，都是为了内心的成长。这是生命自身的需求。阿库，我们要把自己心里的情感、意志，当作一颗种子去耐心培养，陪伴它成长为一个可以经得住风雨、自成一体的小世界。我们要做自己生命的农夫。而所有的焦虑、害怕，无不源于我们错把自己当作流水线上的产品。强制以单一的生产方式和速率、单一的产出标准要求自己。如果产品不合规，就要在质检时被打上残次品的标签，从而否定前面的整个生产过程。

试想，一颗种子的生长过程是怎样的呢？即使在同一块林地里，阳光、湿度等条件一样，也不会有一颗种子的生长过程，和其他种子一模一样。一开始，你需要耐心一些，接受自己这颗种子有时看上去那么小、有时气力有些弱。当遇上休耕期，你写不动了，就像大雪覆盖土地，你就干脆歇一歇。谁都需要休眠，这不可耻。春末，你的种子终于开出花来。你也要做好心理准备，不是每个路过的人都会被它的颜色、它的花形和气味吸引。也许，没什么人夸它。可是，如果真的是这样一个过程，你就不长大、不开花了吗？

我以为农业和工业最大的区别是：农业生命不息，它自身总有着巨大的潜在能量。因此，在你每一次写作中，总是包含着一种冒险的味道，一种"不确定性"带来的魅力。当你是个身心健全的人，你一生中总有时有"想要说点什么"的冲动。仅仅写得不够好，是没法阻绝自己这种念头的。而你自己也不会知道，写点什么、说点什么，就是这么个"纸上谈兵"的行为，会怎样见证自己在思想和情感上走向成熟。你会惊讶地发现：自己能说出一些以前没说过的话。新知会洗刷旧有的对生活的理解。你的生命会在这个过程中开出花来。

　　阿库，哪怕学习了再多的技巧，写作这件事本身也总是包含着不确定性。这是生命成长蜕变的需要。我们拿什么抵御这种不确定性，这种担心不够有魅力、不够深沉的内心的微微颤抖？只有埋头行动。翻土，用手把深色的土壤刨一个坑，然后轻轻点入手心里的种子，光是这个过程就足以凝聚我们全部的心力。有时，我们还隐隐能听见，身后有一只鸟在高枝头里鸣唱、风吹拂灌木丛。哪怕云层厚厚的，看上去不是一个多么好的天气。当我们辛劳的汗水渗到脚下的泥巴地里时，今晚我们会睡得很香。祝

与文字为伴，做个农夫！
就像与所有沉默而生机勃勃的事物在一起！

挥手作别的山精
2024 年 9 月 6 日

创意写作书系

这是一套广受读者喜爱的写作丛书,系统引进国外创意写作成果,推动本土化发展。它为读者提供了一把通往作家之路的钥匙,帮助读者克服写作障碍,学习写作技巧,规划写作生涯。从开始写,到写得更好,都可以使用这套书。

书名	作者	出版时间
综合写作		
成为作家	多萝西娅·布兰德	2011年1月
一年通往作家路——提高写作技巧的12堂课	苏珊·M. 蒂贝尔吉安	2013年5月
文学的世界	刁克利	2022年12月
创意写作大师课	于尔根·沃尔夫	2013年6月
渴望写作——创意写作的五把钥匙	格雷姆·哈珀	2022年6月
作家笔记	阿德里安娜·扬	2024年1月
501个创意写作练习——每天5分钟,激发你的创造力	塔恩·威尔森	2023年8月
虚构写作		
小说写作教程——虚构文学速成全攻略	杰里·克里弗	2011年1月
开始写吧!——虚构文学创作	雪莉·艾利斯	2011年1月
冲突与悬念——小说创作的要素	詹姆斯·斯科特·贝尔	2014年6月
情节与人物——找到伟大小说的平衡点	杰夫·格尔克	2014年6月
人物与视角——小说创作的要素	奥森·斯科特·卡德	2019年3月
经典人物原型45种——创造独特角色的神话模型(第三版)	维多利亚·林恩·施密特	2014年6月
情节线——通过悬念、故事策略与结构吸引你的读者	简·K. 克莱兰	2022年3月
悬念——教你写出扣人心弦的故事	简·K. 克莱兰	2023年6月
经典情节20种(第二版)	罗纳德·B. 托比亚斯	2015年4月
情节!情节!——通过人物、悬念与冲突赋予故事生命力	诺亚·卢克曼	2012年7月
超级结构——解锁故事能量的钥匙	詹姆斯·斯科特·贝尔	2019年6月
如何创作炫人耳目的对话	詹姆斯·斯科特·贝尔	2016年11月
如何创作令人难忘的结局	詹姆斯·斯科特·贝尔	2023年3月
小说写作工具箱——125招助你写出爆款故事	詹姆斯·斯科特·贝尔	2024年6月
小说写作完全手册(第三版)	《作家文摘》编辑部	2024年4月
故事工程——掌握成功写作的六大核心技能	拉里·布鲁克斯	2014年6月
故事力学——掌握故事创作的内在动力	拉里·布鲁克斯	2016年3月
畅销书写作技巧	德怀特·V. 斯温	2013年1月
30天写小说	克里斯·巴蒂	2013年5月
弗雷的小说写作坊——劲爆小说秘境游走	詹姆斯·N. 弗雷	2015年7月
弗雷的小说写作坊——让劲爆小说飞起来	詹姆斯·N. 弗雷	2015年7月
成为小说家	约翰·加德纳	2016年11月
小说的艺术	约翰·加德纳	2021年7月

非虚构写作		
开始写吧！——非虚构文学创作	雪莉·艾利斯	2011 年 1 月
写作法宝——非虚构写作指南	威廉·津瑟	2013 年 9 月
故事技巧——叙事性非虚构写作（第二版）	杰克·哈特	2023 年 3 月
怎样讲好一个故事	美国飞蛾故事会	2025 年 1 月
写出心灵深处的故事——踏上疗愈之旅（修订版）	李华	2024 年 9 月
从零开始写故事——非虚构写作的 11 堂必修课	叶伟民	2024 年 9 月
自我与面具——回忆录写作的艺术	玛丽·卡尔	2017 年 10 月
写我人生诗	塞琪·科恩	2014 年 10 月
类型及影视写作		
金牌编剧——美剧编剧访谈录	克里斯蒂娜·卡拉斯	2022 年 3 月
开始写吧！——影视剧本创作	雪莉·艾利斯	2012 年 7 月
开始写吧！——科幻、奇幻、惊悚小说创作	劳丽·拉姆森	2016 年 1 月
开始写吧！——推理小说创作	劳丽·拉姆森	2016 年 7 月
弗雷的小说写作坊——悬疑小说创作指导	詹姆斯·N. 弗雷	2015 年 10 月
好剧本如何讲故事	罗伯·托宾	2015 年 3 月
经典电影如何讲故事	许道军	2021 年 5 月
童书写作指南	玛丽·科尔	2018 年 7 月
网络文学创作原理	王祥	2015 年 4 月
写作教学		
小说写作——叙事技巧指南（第十版）	珍妮特·伯罗薇	2021 年 6 月
如果，怎样？——给虚构作家的 109 个写作练习	安妮·伯奈斯 帕梅拉·佩因特	2023 年 1 月
剑桥创意写作导论	大卫·莫利	2022 年 7 月
你的写作教练（第二版）	于尔根·沃尔夫	2014 年 1 月
创意写作教学——实用方法 50 例	伊莱恩·沃尔克	2014 年 3 月
创意写作思维训练	丁伯慧	2022 年 6 月
故事工坊（修订版）	许道军	2022 年 1 月
大学创意写作（第二版）	葛红兵 许道军	2024 年 7 月
大学创意写作·应用写作篇	葛红兵 许道军	2017 年 10 月
小说创作技能拓展	陈鸣	2016 年 4 月
电影编剧教程	喻彬	2025 年 1 月
科幻小说赏析与写作	郭琦	2024 年 8 月
青少年写作		
奇妙的创意写作——让你的故事和诗飞起来	卡伦·本基	2019 年 3 月
写作大冒险——惊喜不断的创作之旅	凯伦·本克	2018 年 10 月
小作家手册——故事在身边	维多利亚·汉利	2019 年 2 月
写作魔法书——让故事飞起来	加尔·卡尔森·莱文	2014 年 6 月
成为小作家	李君	2020 年 12 月
写作魔法书——28 个创意写作练习，让你玩转写作（修订版）	白铅笔	2019 年 6 月
有个性的写作（人物篇＋景物篇）	丁丁老师	2022 年 10 月
北大附中创意写作课（修订版）	李韧	2025 年 5 月
北大附中说理写作课（修订版）	李亦辰	2025 年 6 月
给阿库的十四封信作文课——青少年写作实用攻略	李韧	2025 年 5 月
作文课——让创意改变作文（修订版）	谭旭东	2023 年 3 月

创意写作课程平台

从入门到进阶多种选择，写作路上助你一臂之力

扫二维码随时了解课程信息

"创意写作课程平台"由中国人民大学出版社"创意写作书系"编辑团队精心打造，历经十余年积累，依托"创意写作书系"海量素材，邀请国内外优秀写作导师不断研发而成。这里既有丰富的资源分享和专业的写作指导，也有你写作路上的同伴，曾帮助上万名写作者提升写作技能，完成从选题到作品的进阶。

写作训练营，持续招募中

- **叶伟民故事写作营**

  高人气写作导师叶伟民的项目制写作训练营。导师直播课，直击写作难点痛点，解决根本问题。班主任 Office Hour，及时答疑解惑，阅读与写作有问必答。三级作业点评机制，导师、班主任、编辑针对性点评，帮助突破自身创作瓶颈。

- **开始写吧！——21天疯狂写作营**

  依托"创意写作书系"海量练习技巧，聚焦习惯养成、人物塑造、情节设置等练习方向，21天不间断写作打卡，班主任全程引导练习，更有特邀嘉宾做客直播间传授写作经验。

精品写作课，陆续更新中

- **小说写作四讲**

  精美视频＋英文原声＋中文字幕

  全美最受欢迎的高校写作教材《小说写作》作者珍妮特·伯罗薇亲授，原汁原味的美式写作课，涵盖场景、视角、结构、修改四大关键要素，搞定写作核心问题。

- **从零开始写故事**

  高人气写作导师叶伟民系统讲解故事写作的底层逻辑和通用方法，30讲视频课程帮你提高写作技能，创作爆品故事。

精品写作课

作家的诞生——12位殿堂级作家的写作课

中国人民大学刁克利教授10余年研究成果倾力呈现，横跨2800年人类文学史，走近12位殿堂级写作大师，向经典作家学写作，人人都能成为作家。

荷马：作家第一课，如何处理作品里的时间？
但丁：游历于地狱、炼狱和天堂，如何构建文学的空间？
莎士比亚：如何从小镇少年成长为伟大的作家？
华兹华斯和弗罗斯特：自然与作家如何相互成就？
勃朗特姐妹：怎样利用有限的素材写作？
马克·吐温：作家如何守望故乡，如何珍藏童年，如何书写一个民族的性格和成长？
亨利·詹姆斯：写作与生活的距离，作家要在多大程度上妥协甚至牺牲个人生活？
菲兹杰拉德：作家与时代、与笔下人物之间的关系？
劳伦斯：享有身后名，又不断被诋毁、误解和利用，个人如何表达时代的伤痛？
毛姆：出版商的宠儿，却得不到批评家的肯定。选择经典还是畅销？

一个故事的诞生——22堂创意思维写作课

郝景芳和创意写作大师们的写作课，国内外知名作家、写作导师多年创意写作授课经验提炼而成，汇集各路写作大师的写作法宝。它将告诉你，如何从一个种子想法开始，完成一个真正的故事，并让读者沉浸其中，无法自拔。

郝景芳：故事是我们更好地去生活、去理解生活的必需。
故事诞生第一步：激发故事创意的头脑风暴练习。
故事诞生第二步：让你的故事立起来。
故事诞生第三步：用九个句子描述你的故事。
故事诞生第四步：屡试不爽的故事写作法宝。

图书在版编目（CIP）数据

给阿库的十四封信：青少年写作实用攻略 / 李韧著．
-- 北京：中国人民大学出版社，2025.5. -- （创意写作书
系：青少版）. -- ISBN 978-7-300-33840-8
Ⅰ．H15-49
中国国家版本馆 CIP 数据核字第 2025Q8D972 号

创意写作书系（青少版）
给阿库的十四封信
青少年写作实用攻略
李 韧 著
Gei A Ku de Shisi Feng Xin

出版发行	中国人民大学出版社		
社　　址	北京中关村大街 31 号	邮政编码	100080
电　　话	010 - 62511242（总编室）	010 - 62511770（质管部）	
	010 - 82501766（邮购部）	010 - 62514148（门市部）	
	010 - 62511173（发行公司）	010 - 62515275（盗版举报）	
网　　址	http://www.crup.com.cn		
经　　销	新华书店		
印　　刷	天津中印联印务有限公司		
开　　本	890 mm×1240 mm　1/32	版　次	2025 年 5 月第 1 版
印　　张	6.5 插页 1	印　次	2025 年 5 月第 1 次印刷
字　　数	132 000	定　价	49.00 元

版权所有　侵权必究　印装差错　负责调换